戦争と法

WAR & LAW

長谷部恭男

Yasuo Hasebe

文藝春秋

はしがき

君たちは戦争に関心がないかも知れないが
戦争の方では君たちに関心がある

トロツキー

ジャン＝ジャック・ルソーは、戦争の攻撃目標は相手の国家の社会契約だと言います。現代流に言いなおすなら、憲法の基本原理こそが敵の攻撃目標だというわけです。これは、国家間の戦争には限りません。テロ組織が攻撃するのは、平和に暮らす一般市民の日常生活だと思うかも知れませんが、彼らの本当の狙いは、そうした日常生活を支えている敵国の憲法の基本原理です。

国家は突き詰めれば、われわれの頭の中にしかない約束事です。実際に目に見えるもの、手で触れるものは、地球の表面である平野や山、川、海です。国の行動や発言とされるものも、実際には生身の人間による言動です。そうした目に見えるもの、手で触れるものの背後に想定されている約束事が国家です。国家という約束事の核心にあるのが憲法です。

根本的に対立する憲法原理に立脚する国々は、ときに激烈な対立関係に陥ります。

そうしたわけで、戦争と憲法との間には切っても切れないつながりがあります。それは、現在の日本のように、憲法に平和主義条項を含む国家に限った話ではありません。この本は、歴史を遡って、戦争と憲法、より広くとらえると戦争と法との間の関係を描いていきます。

第1章は、まずは日本国憲法9条を議論の素材とします。私の見るところ、法律家一般に限らず、憲法学者とされる方々でも、9条をめぐる問題は、条文を素直に読めば立ちどころに答えが判明する至極簡単な問題だというとらえ方をする人が大部分で、そうした理解を前提に9条は自衛隊の存在と矛盾するとかしないとか、だから9条を変えるべきだとか変えるべきでないとか、そうした安易な議論が世上、行われています。

私は憲法学者ですが、私の先生にあたる世代の方々は、戦争とは何かを身をもって知っていた方々でした。そうではないより若い世代の人間は、まずは戦争の歴史、戦争とはどのようなものか、法によってどこまでコントロール可能か等を書物等を通じて勉強するしかありません。きちんと勉強をしないで9条について発言するのは、無責任です。9条をめぐる問題は複雑で、条文を読み上げたり法の一般原則を唱えたりするだけで解決するほど簡単ではないことを認識する必要があります。

第2章では、根底的な価値観の対立――典型的には宗教の対立ですが――がもたらした戦争の具体例として、イングランドをめぐる二つの無敵艦隊の遠征を描きます。イングランドをカトリック化しようとしたスペインの無敵艦隊は無残な失敗に終わりましたが、イングランドのカトリック化を阻止しようとしたオランダの無敵艦隊は、その後の世界史を書き換えました。

第3章と第4章では、フランス革命に始まる戦略の根本的変革と、それが各国の政治体制にもたらした根本的な変動が描かれます。われわれが現在、当然だと考える国家の役割に関する観念が、戦争の遂行方法の転換からもたらされたものであることが描かれます。ビスマルクの指導したドイツによる戦略の根本的転換とそれがもたらした全国民を統合する福祉国家の説明の後に、ヨーム・キップール戦争（第四次中東戦争）を描く第5章が置かれることに、読者は意外の念を持たれるかも知れません。ヨーム・キップール戦争は、冷戦下の米ソの代理戦争の典型です。フォークランド紛争を描く第6章の冒頭で説明するように、イスラエルとアラブ諸国の闘争は、冷戦を終結させる一つの要因となったと考えられています。また、ヨーム・キップール戦争での戦車戦は、第二次大戦以降で最大のものでした。戦車や爆撃機・潜水艦等の登場による戦争の機械化と技術の高度化は、ドイツの参謀総長モルトケの編み出した戦略を時代遅れのものとします。それは当然、国家や政治のあり方にも大きな影響を及ぼします。

第7章では、核兵器の都市部への戦略的使用が正当化され得るか否かという問題、そして、そうした問題自体の意味を否定しようとする「戦争＝地獄」理論がまず扱われます。さらに、広島・長崎への原爆投下が、そして20世紀の終わりの冷戦の終結が憲法学にとってどのような意味を持っていたのかを描きます。また、社会契約論者であったジャン＝ジャック・ルソーによる戦争の分析がいかに冷徹であり、現代に生きるわれわれに多くのことを教えてくれるかを、説明します。

第8章と第9章では、朝鮮戦争を扱います。日本のすぐとなりの国で起こった戦争であるにもかかわらず、この戦争の発端と経緯、そしてそれが現在の日本にとって持つ意味をまじめに考えたことのある人は、それほど多くないのではないでしょうか。トルーマン政権が、日本を守るためにこそ朝鮮半島に地上軍を派遣したこと、いざとなれば朝鮮半島を犠牲にしてアメリカ軍を日本に引き揚げることも考慮していたことを知れば、韓国の人々が日本に対して感じる複雑な感情も別の観点から理解できるかも知れません。過去に日本に支配されたということだけ、ではないかも知れないわけです。

朝鮮戦争は、第三次世界大戦を回避するため、限定戦争として遂行されました。また、外交・軍事政策におけるシヴィリアン・コントロールの意義が問われた戦争でもありました。

第10章では、アメリカとスペインの戦争が何をもたらしたかを描きます。テロとの戦いで用いられた尋問方法——水責め——は、米西戦争の結果としてアメリカが植民地としたフィリピンですでに用いられていました。憲法原理を守るために遂行されるはずの戦争が、憲法原理を損なうこともあります。

近年の科学技術の進展は、戦争のあり方や戦争に関する考え方を大きく変えようとしています。それは、当然ながら、国家とは何かについての考え方も変えざるを得ないでしょう。第11章はオバマ政権期のアメリカを中心として、テロリストに対するドローン狙撃やサイバー戦争など、近年の軍事技術にかかわる問題を扱います。

第12章は、軍事行動にあたって政治指導者や兵士が直面する道徳的判断の特質を一般的な道徳的判断と比較しながら分析します。規範は相互に衝突し、価値はときに比較不能です。人間の判断をAIやロボットに完全に置き換えるわけにはいかない理由も明らかになります。

終章では、本書で扱ったさまざまな事例や理論から、何を学ぶことができるかをまとめます。

文藝春秋の山本浩貴さんから、本書の執筆のきっかけとなるメールをいただいたのは、

２０１８年８月、私がブルース・アッカーマン教授を囲む国際学術集会に参加するため、イェール大学に滞在していたときでした。以降、時宜を得た原稿の催促、本の構成に関する助言、原稿の整理から校正にいたるまで、万般にわたってお世話になりました。厚く御礼申し上げます。

２０２０年５月

Y・H

＊本書の執筆にあたり、全体にわたって参考とした文献は、以下の通りです。Philip Bobbitt, *The Shield of Achilles: War, Peace, and the Course of History* (Anchor Books 2003); Lawrence Freedman (ed), *War* (Oxford University Press 1994); Lawrence Freedman, *Strategy: A History* (Oxford University Press 2013); Lawrence Freedman, *The Future of War: A History* (Public Affairs 2017); John Lewis Gaddis, *On Grand Strategy* (Penguin 2018); Michael Howard, *War in European History* (Updated edn, Oxford University Press 2009); Michael Walzer, *Just and Unjust Wars: A Moral Argument with Historical Illustrations* (5th edn, Basic Books 2015).

各章の主要な参考文献は、各章の末尾で示します。ここに挙げた文献も含め、本書で挙げた参考文献の中には邦訳されているものもありますが、私自身が邦訳を読んでいて品質を保証できる邦訳だけを本書では挙げています。他意はありません。

また、文学作品を含めて古典的な著作については、他言語によるものも含めて英語あるいは仏語で読んでいることがほとんどなので、邦訳は挙げておりません。ご諒承ください。

冒頭のエピグラフは、トロッキーのことばとして広く知られていますが、彼自身がそう語ったという確かな証拠はありません。

contents

戦争と法◉目次

終章 憲法と戦争の密接な関係

カバー写真
no_limit_pictures/Getty Images

装丁
征矢武

戦争と法

第1章 平和主義 vs. 正戦論

――国際法の歴史から9条の問題を考える

1　多面的な意味をもつ平和主義

平和主義は日本国憲法の基本原理の一つで、とりわけ9条がそれを具体化していると言われます。当たり前のことのように思われていますが、その内容はさほど簡単ではありません。簡単でないことを簡単であるかのように語るのは、詐欺の一種です。

平和主義は英語に直すと pacifism になります。この概念は、相当に幅広い立場をおおっています。戦争および武力の行使に反対し、可能であれば武力の行使は控えるべきだというのが広義の平和主義です。こうした緩やかな意味の平和主義であれば、現代の諸国家のうち、本音は別として、表立って反対する国は珍しいでしょう。

国連憲章もその2条3項で「すべての加盟国は、その国際紛争を平和的手段によって国際の平和及び安全並びに正義を危うくしないように解決しなければならない」とし、同条4項では「すべての加盟国は、その国際関係において、武力による威嚇又は武力の行使を、いかなる国の領土保全又は政治的独立に対するものも、また、国際連合の目的と両立しない他のいかなる方法によるものも慎まなければならない」と定めています。

ただし、pacifism と英語で表現される平和主義は、戦争や武力の行使への協力を完全に拒否する個人レベルの信念を意味するものと、普通は理解されています。具体的には徴兵制のある国での兵役拒否として、この平和主義はあらわれます。憲法で表明される国家ないし政府の立場として、いかなる場合にも武力は行使しないとする平和主義が標榜されることは、まずありません。その理由も本章の最後（第6節）で説明します。

個人の信念としての平和主義を端的にあらわしているのは、新約聖書のイエス・キリストのことばです。「悪人には逆らうな。右の頬を叩く者がいたら、ほかの頬を向けよ。あなたを訴えて下着を取ろうとする者がいたら、上着も差し出せ。あなたを徴用して1ミリオン行かせようとする者とは、一緒に2ミリオン行け」（『マタイ福音書』5：39–41）と、イエスは言います。西洋社会での平和主義は、この福音書の叙述を文字通りに受け取る立場を起源としています。

もっとも、その後のキリスト教会やキリスト教に関わる思想は、このイエスのことばを文字通りに受け取るべきではないという理解を強めてきました。1517年に95カ条の論題を公表して宗教改革を始動させたマルティン・ルターは、その著書『現世の主権について』の中で、人類を2種類に区別します。神の国に属する者と現世の国に属する者です。ルターによると、福音のことばは、神の国に属する者、キリストに従う真の信仰者に向けられています。すべての人が真のキリスト者であれば、この世の権力は不要です。戦争や武力の行使も起こらないでしょう。

ルターによれば、いかなる人も生まれつきキリスト者であったり、義人であったりするわけではありません。むしろみなすべて罪人であり、悪人です。キリスト者でない者は現世の国に、つまり剣と律法をふるう世俗の権力の下にあります。そして、キリスト者とそうでない者とを比べると、前者は圧倒的に少数で、真のキリスト者はほんの疎《まば》らにしか存在しません。一つの社会または全世界を福音のことばだけで治めようとすることは、狼と獅子と鷲と羊を同居させ、放置するようなものです。羊は平和を保つでしょうが、その命は長くはもちません。こうしたルターの考え方からすれば、邪悪な敵が侵略をしかけてくるとき、ただ無抵抗で敵の暴力を受け入れるべきではありません。

17世紀のオランダの哲学者スピノザは、『神学・政治論』第7章で、聖書の説く道徳的な教えの中には、普遍的に妥当するわけではなく、特定の時と所においてだけ妥当するものもあると言います。その典型が、「右の頰を叩く者がいたら、ほかの頰を向けよ」というイエスのことばです。スピノザによると、このことばは、正義が全く顧みられない抑圧的社会で、虐げられた人々に向けられた教えです。

イエスの当時のユダヤ人は、他民族のローマ帝国の支配下にあって厳しく抑圧されていました。そうした社会で権力に反抗すれば、どのような結果がもたらされるかは、明らかです。つまりこの教えは、ごく普通の国家、普通の社会においても守られるべき道徳ではないというわけです。聖書は他の箇所では（『出エジプト記』21：24、『申命記』19：21等）、「目には目を、歯には歯を」という同害報復を教えていることを、スピノザは指摘しています。

2 アウグスティヌスの正戦論

キリスト教の伝統の中で正戦論を確立したのは、『神の国』の著者、アウレリウス・アウグスティヌス（354―430）だと言われます。正戦論は、どのような場合に戦争ないし武力を行使することが正当化されるか、そしてどのような範囲・条件の下で戦争ないし武力を行使すべきかを検討します。一定の場合、一定の範囲内でのみ戦争や武力の行使は正当です。武力の行使が一切許されないわけではありません。こうした立場は、前節で描いた、個人の信念としての徹底した平和主義とは両立しません。

アウグスティヌスは、「右の頬を叩く者がいたら、ほかの頬を向けよ」というイエスのことばは、イエス自身の言動と矛盾することを指摘します。大祭司のもとに連行されたイエスを下役の一人が平手打ちしたとき、彼は「私が間違ったことを言ったなら、その証しを立てなさい。間違っていないなら、なぜ私を打つのか」と抗議しています（『ヨハネ福音書』18：23）。つまり、イエスのことばは比喩的なものとして受け取られるべきです。復讐心にとらわれて忍耐の心を失うなと、イエスは教えています。ほかの頬を打たれながら復讐心をつのらせるのでは、かえってイエスの本当の教えに反します。また、「平和を造り出す者たちは幸いだ」という山上の訓戒の一節（『マタイ福音書』5：9）は、戦うときでさえ、平和を造り出すことを意図してそうするようにとの教えです。聖書の個々のことばや言明を額面通りに受け取るのではなく、聖書全体のメッセージを捉えた上で、具体的な文脈に即してことばや言明を解釈していく必要があります。

アウグスティヌスは、聖書の中、とりわけ旧約聖書に、神が戦争を命じたとの記述がふんだんにあることも指摘します。

確かにその通りです。たとえば、モーセがイスラエルの民を率いてエジプトを脱出し、神に約束されたカナンの地に赴くために、アモリ人の王にその領土を通過させて欲しいと依頼する場面が『民数記』に出てきます。「あなたの領土を通らせて下さい。畑や葡萄園には近づきません。あなたの井戸から水を飲むこともしません。王の道［という名の主要な道］から外れることもしません」（『民数記』21：22）。

ところがアモリ人の王シホンは、イスラエルの民の通過を拒み、彼らを攻撃するために荒野に全軍を集結させました。現代流に言うと、イスラエルの民の「無害通行 innocent passage」を力ずくで妨害したわけです。モーセに率いられたイスラエル軍はアモリ人の軍勢を撃破し、アルノン川からヤボク川にいたるアモリ人の領域を支配しました。

続いてイスラエルはオグが王として支配するバシャンの地に至りました。オグは全軍を率いてイスラエルと対峙します。神はモーセに言います。「オグを恐れるな。私は彼と彼の全軍、そして彼の領土を与える。シホンにしたように、彼にも同じようにするように」（21：34）。イスラエルの民はオグの軍勢を壊滅させ、誰一人として残しませんでした。

この『民数記』の叙述は二通りに読むことができます。第一に、シホンやオグが国際法（があったとして）上の無害通行の権利を妨害し、かえって攻撃を仕掛けてきたので、イスラエルの民は、自身の権利を回復するとともに自衛のために武力を行使し、敵の領土を奪ったという理解が可能です。そうなると、果たして無害通行権の妨害や自衛権が武力行使の正当な理由（jus ad bellum）となるか、その場合、どの程度の武力行使が許されるのかが問題となり得ます。

　他方、これが全能の神の指令による武力行使なのだとすると、もはや武力行使の正当化根拠を考える余地はなく、神が敵を聖絶（皆殺しに）せよと命ずる以上は、武力行使の限界を気に留める必要もないでしょう。

　アウグスティヌスの正戦論は、その場の具体的状況に即して、武力が行使されたのがどのような場合なのか、どのような条件の下で武力が行使されたかを検討するものです。敵側の挑発や加害はあったか、平和的な紛争解決手段（無害通行の要請）は尽くされたか、国王や皇帝など正当な権限を持つ者による最後の手段として開戦が決定されているか、武力の行使がそれ自体目的と化していないか、具体的な武力の行使がその正当な目的に照らしてバランスのとれたものであったか、実現すべき目的自体を損なってしまうような過激で残虐なものではないか等々です。

　これは「チェック・リスト方式」と呼ばれる思考様式です。日本の最高裁が、憲法上の基本権に対する公権力による侵害が正当化されるか否かを検討する際にも、しばしば具体の状況下でどのような諸事情が検討されるべきかのチェック・リストを示した上で、バランスのとれた結論を出そうとしています。硬直的な判断基準で黒白をつけるよりは、具体の状況に応じた柔軟な判断が可能となります。神からの指令の場合は、チェック・リストに改めて頼る必要はないかも知れませんが、旧約聖書に登場するイスラエルの民ほど、自分たちの神の指令に自信のある国家はそうそうないでしょう。

問題はまだ残されています。イスラエルの民は自分たちの神がこの世界で唯一の神だと信じていました。しかし、他の民族はそれぞれ、自分たちの神がより尊い神だと信じているかも知れません（信じていることが少なからずあるでしょう）。また、チェック・リストにもとづいて、戦争の正当理由や正当な武力行使の範囲をいくら真摯に検討したからと言っても、敵対する当事者同士で見解が一致するとは限りません（一致しないことの方が多いでしょう）。チェック・リスト方式は機械的な推論ではなく、さまざまな考慮要素のバランスをとりながら結論を出す思考様式ですから、見解が一致する保証はますます薄れます。どうすれば善いでしょうか。

3　戦争は「決闘」？　グロティウスの正戦論

この問題に一応の解決を与えたのが、国際法の父と言われるオランダの法学者、フーゴー・グロティウス（１５８３―１６４５）です。グロティウスは正戦論者でした。つまり、戦争に訴えるには正当な根拠が必要だと主張した人だと言われます。しかし、彼の正戦論は、少しばかり変わっています。

彼によれば、戦争は実は「決闘」です。戦争ではいずれの国も自国こそが正しいと言い張るものです。そして各国内の紛争と異なり、国家と国家の間の紛争について中立公平な裁判は期待できません。裁判に代替する紛争解決手段が決闘です。決闘はいずれが正しい当事者であるかを結果によって決めます。つまり勝った方が正しいというわけです。戦争もそうだ、それがグロティウスの見解でした。そして、戦争に巻き込まれたくなければ、非当事国には厳格な中立公正が要求されます。一方に加担すれば、決闘の当事者とみなされ、敵と同視されることを覚悟しなければなりません。

侵略目的の戦争は不当だとの意見は、昔からありました。しかし、侵略目的の不当な軍事行動か否かも、グロティウスの見解からすると、結局は、誰が戦争に勝つかで判断されることになります。長く鎖国を続けた江戸幕府は、1853年、4隻の軍艦を率いたアメリカ東インド艦隊司令官のペリーが浦賀に来航したとき、武力の威嚇をもって、国の長年の基本方針の転換を迫られました。しかしこれも、グロティウスに由来する当時の国際法の観念からすれば、違法ではありません。

同様に1875年、明治政府が雲揚号を江華島水域に派遣して測量を行い、朝鮮側から砲撃を受けたことを機に応戦して付近を占領した末、日朝修好条規の締結を迫ったことも、違法ではありません。ペリーとよく似たことをしただけです。１８４６年、アメリカが債務の不払い等を理由としてメキシコに対して宣戦を布告し、結果としてカリフォルニア等、太平洋にいたる広大な領域を獲得したことも、やはり違法ではありません。ペリー来航は、対メキシコ戦争を経てアメリカが太平洋に進出した、その帰結です。

そうは言っても、もちろん、決闘は強い方が勝つのであって、正しい方が勝つとは限りません。ペリー来航によって日本が無理やり引きずり込まれたのは、そうした「力は正義なり」という世界でした。

4　パリ不戦条約という転換点

憲法９条１項は「国際紛争を解決する手段として」の戦争・武力の行使及び武力による威嚇を永久に放棄すると定め、２項は、「前項の目的を達するため、陸海空軍その他の戦力は、これを保持しない。国の交戦権は、これを認めない」と定めています。

この条文は、日本語として一見して意味の明瞭な条文とは言いにくいものです。そもそも「国際紛争を解決する手段として」の放棄とは、何を意味しているのでしょうか。

同様の文言は、フランスのブリアン外相とアメリカのケロッグ国務長官のイニシァティヴにより1928年に締結され発効したパリ不戦条約にもあらわれます。同条約には当初は15カ国が調印し、後に63カ国が参加しました。同条約1条は「国際紛争解決ノ為戦争ニ訴フルコトヲ非ト」しています。

前節で説明したように、この条約が締結される以前は、国際紛争、つまり国家間の紛争を解決する手段として戦争に訴えること、武力を行使したり武力によって威嚇したりすることは、違法ではありませんでした。不戦条約が覆したのは、当時のこうした国際法の「常識」です。

国際紛争解決の手段として、戦争、武力の行使、武力による威嚇に訴えることは、もはや違法となりました。もっとも、あらゆる武力の行使が否定されたわけではありません。条約の提案者の一人であるアメリカの国務長官ケロッグも、もともとの発案者の一人であったアメリカの法律家、サーモン・レヴィンソンも、不戦条約が自衛権の行使を妨げるものではないと考えていました。1931年に勃発した満州事変に関して、日本がその軍事行動を自衛のための措置として正当化しようとしたのも、同様の理解を背景としています。ここでいう「自衛権」は、後で説明する個別的自衛権を指しています。他国が受けた武力攻撃に対処するために武力を行使する集団的自衛権（なぜこれが「自衛権」と呼ばれるのかは不思議ですが）ではありません。

不戦条約の結果、今や、国際紛争の解決のためには平和的手段のみが認められます（不戦条約2条）。条約の定める義務の履行を求めるために武力に訴えることも許されず、武力による威嚇を背景として条約締結を迫ることもできません。非交戦国にも厳正中立な行動がつねに期待されるわけではありません。明白な侵略国家に対しては、経済制裁を下すことも認められる。戦争に訴えることに「正当な理由」があるか否かは、戦争の結果から逆算して判断されるわけではない（ことになります）。侵略国家の指導者は国際軍事法廷で、平和に対する罪を犯した責任を追及されます。いずれも、ドイツや日本がその後、思い知らされることとなった国際法の根本的な変容です。

国際紛争解決の手段としての戦争を禁止する不戦条約の文言を受けた日本国憲法9条1項も、同じ趣旨を踏まえた条文で、禁止の対象を武力による威嚇と武力の行使へと文言上も明確に拡大したものです。砂川事件最高裁判決（最大判昭和34・12・16刑集13巻13号3225頁）は、9条1項は「侵略戦争」を放棄したものだとしていますが、この解釈では文言の日本語としての意味に即しておらず、解釈としても狭すぎます。

「戦力 war potential」の保持を禁ずる2項前段も、「決闘」としての戦争を遂行する能力の保持を禁ずるものと理解するのが素直ですし（「決闘」に勝利するには限りなき軍拡が求められます)、「国の交戦権 the right of belligerency of the state」を否定する2項後段も、政府が1954年以来、一貫して有権解釈として主張してきたような、交戦国に認められる諸権利の否定ではなく、紛争解決の手段として戦争に訴える権利(正当根拠)はおよそ存在しない、という趣旨に受け取る方が、すっきり筋が通るでしょう。

9条に関する従来の議論は、学説にせよ国会での論戦にせよ、1項と2項を分断した上で、1項をいわば枕詞として無視し、さらに2項の条文を「戦力」「交戦権」など個別の概念に分解してその意味を見きわめようとしてきました。条文全体の趣旨を示しているはずの1項がただの枕詞のはずはありません。こうした解釈手法は、条文全体の趣旨が何かを不明瞭にし、9条を謎に満ちた条文にしてきました。2項がその実現手段となっている1項の趣旨を、その歴史的文脈に即して理解することで、はじめて9条全体の目的と、それを達成するために求められている行動とが明らかになるはずです。

5 個別的自衛権の行使について

9条の下では、日本が直接に武力攻撃を受けた場合にそれに対処するための個別的自衛権の行使も含め、一切の武力の行使が禁じられているとの見解もあります。連合国軍総司令官であったダグラス・マッカーサーも、当初は、アメリカが唯一の核兵器保有国であり、かつ沖縄に膨大な米軍基地を保有し続けることを前提として、日本本土の完全な非武装を想定していたと見られています（加藤陽子『昭和天皇と戦争の世紀』〔講談社学術文庫、2018〕408頁）。マッカーサーは、戦争はもう起こらないと思い込んでいた節があります。しかし、日本政府および総司令部の理解は、当時においても、完全非武装で一貫していたわけではありませんでした。

政府が日本国憲法の公布と同じ日に刊行した『新憲法の解説』は、「戦争の放棄」に関する解説部分で、「日本が国際連合に加入する場合を考えるならば、国際連合憲章第51条には、明らかに自衛権を認めている」とし、「自己防衛」の方法がなくなるわけではないとしています（高見勝利編『あたらしい憲法のはなし　他二篇』〔岩波現代文庫、2013〕103頁）。国連憲章51条は、個別的自衛権とともに集団的自衛権も加盟国固有の権利であるとしています。ここで9条の下でも認められると政府が述べる「自衛権」は、「自己防衛」のための自衛権、つまり「個別的自衛権」を指していると見ることが常識的でしょう。他国に対する武力攻撃に日本が武力を行使して対処する集団的自衛権の行使を当時の日本政府が想定していたとは、考えにくいところがあります。

帝国議会での日本国憲法草案の審議過程では、現在の9条2項の冒頭に「前項の目的を達するため」という文言が加えられています。この修正を提案した芦田均氏は、提案時にはその趣旨を明らかにしませんでしたが、憲法の公布以降、9条では自衛のための武力の行使が認められることがこの修正によって明確になったとの主張を展開しました。占領軍総司令部内でも、この修正が自衛のための実力組織の保持を認める趣旨のものであるとの理解があったことが伝えられています。占領統治をコントロールする立場にあった極東委員会は、この修正後、現在の憲法66条2項のいわゆる文民条項（civilian clause）を憲法に組み入れることを強く主張し、その意向を受けて、貴族院の審議過程で修正が行われています。この極東委員会の要求も、本修正が自衛権の行使を認めるものとの理解を前提にしているものと考えられます（高柳賢三ほか編『日本国憲法制定の過程Ⅱ』〔有斐閣、1972〕140—142頁）。

憲法9条の下でも、日本が直接の武力行使を受けた場合には、必要最小限度で武力を行使してそれに対処することができる、しかし武力の行使はその場合、その範囲に限られるという見解は、長年にわたって日本政府が維持してきた有権解釈でした。ところが、周知のように、2014年7月に安倍晋三政権は個別的自衛権のみが認められるというこの解釈を変更し、集団的自衛権も部分的には認められるとしました。この解釈変更は、なぜ変更が必要なのか、その十分な理由が示されておらず、そのためもあって、変更後にどのような場合、どの範囲で日本が武力の行使を行うかも著しく不明確となってしまいました。もっとも、安倍内閣が十分な理由を説明しようとしないのは、この問題に限ったことではありませんが（有権解釈を安易に変更すべきでない理由の一端は、第9章3でも説明します）。

6　9条は〝限定された正戦論〟

第4節の冒頭で述べたように、憲法9条の条文は、一見してその意味が明白であるとは言いにくいものです。以上で説明してきたように、歴史的な文脈に即して見ると、9条は「決闘」としての戦争や武力の行使、武力による威嚇を禁ずるもので、そうした目的を実現する手段として、「決闘」としての戦争遂行能力の保持を禁止している条文です。個別的自衛権の行使は禁じられていません。

それにもかかわらず、この条文は、日本が直接に武力攻撃を受けた場合を含めて、一切の武力の行使を禁止しているのだという極端な見解があります。しかしそうした場合でさえ、必要な限りで武力を行使してこれに対処することをも否定する立場は、そもそも日本国憲法を根底で支えているはずの近代的な意味の立憲主義と両立しません。

宗教改革に引き続く世界観・価値観の激烈な対立は血みどろの宗教戦争を引き起こしました。そうした激烈な対立を収束させ、宗教を典型とする多様な世界観・価値観の対立は事実として受け入れるしかない、そうした対立する世界観・価値観が公平に共存し得る社会を構築することが、この世で人間らしく生きようとするわれわれの務めだというのが、近代的な意味の立憲主義です。

外敵に攻撃されても、ただ攻撃され、殺されるがままであるべきだという主張は、第1節で紹介したイエス・キリストのことばを額面通りに受け取り、それが人としての唯一正しいあり方だという信念に支えられてはじめて可能なものでしょう（それはキリスト教の伝統の中でも必ずしも主流の考え方ではありませんでした）。そうした信念を持つ人がそれを貫くことはその人の自由ですが、すべての国民にそうした特定の価値観を押しつけるべきではありません。それは近代的な意味の立憲主義と正面から衝突します。個人レベルで徴兵拒否をするのはともかく、国民の生命と財産を守るという政府として必要最低限のサービスを全否定することはできないはずです。

ときにカントの『永遠平和のために』が完全非武装平和論の根拠として言及されることがありますが、実際にこの本を読めばわかる通り、カントが主張したのは、すべての国が共和政体をとり、民兵による自衛の体制を整えることで国際的な紛争は次第に減少していくだろう、たとえ完全な平和がそれでも実現不可能だとしても、その実現に向けてわれわれは永遠に努力を続けていくべきだということです。「常備軍は廃止されるべきだ」という第3予備条項は「市民が自発的に武器をとって定期的に繰り返す軍事演習は別だ」という説明を伴っています。「各国の政治体制が共和制であるべきだ」という第1確定条項は、戦争はまず市民に災厄をもたらすものなので、全市民を政治に参加させれば各国は当然開戦に慎重となるはずだという説明を伴っています。『永遠平和のために』は、真の永遠平和は決して実現はされないであろうが、それに向かって努力することはわれわれすべてにとっての義務だという結論で締めくくられています。カントは夢想的な平和主義者ではなく、現実を見据えた哲学者でした。

冒頭でも述べたように、憲法9条をめぐる平和主義と正戦論との交錯は、簡単な話ではありません。世の中には、憲法学者であるかないかにかかわらず、これが簡単な事柄であるかのように――憲法9条そのものが立憲主義に反しているとか、だから9条の条文を変えるべきだとか――言い募る人が後を絶ちませんが、簡単でないことを簡単であるかのように語るのは、詐欺の一種です。本章で説明したことからお分かりのように、憲法9条が意味しているのは、純粋な平和主義というよりは、きわめて限定された正戦論と言うべきものです。

もちろん、平和主義の概念を広く捉えれば、それを平和主義の一種と言うこともできないわけではありません。私は長年にわたって、9条に示された考え方を「穏和な平和主義」と呼んできました（拙著『憲法と平和を問いなおす』〔ちくま新書、2004〕をご覧ください）。いずれのことばを使うか自体に意味があるわけではありません。何よりも複雑な問題を複雑なままに、正しく理解することが必要です。

＊本章の執筆にあたっては、「はしがき」で紹介した諸文献のほか、David D. Corey and J. Daryl Charles, *The Just War Tradition: An Introduction* (ISI Books 2012); Oona A. Hathaway and Scott J. Shapiro, *The Internationalists: And Their Plan to Outlaw War* (Allen Lane 2017); John Mark Mattox, *Saint Augustine and the Theory of Just War* (Continuum 2006); Terry Nardin (ed), *The Ethics of War and Peace: Religious and Secular Perspectives* (Princeton University Press 1996) を主として参考にしています。アモリ人との戦いを無害通行権侵害または自衛を理由とする正戦の例とする解釈は、12世紀のボローニャの教会法学者グラティアヌスの編纂した『グラティアヌス教令集』(Causa 23, Quæst 3, C. 3) やマルティン・ルターの『軍人もまた祝福された階級に属し得るか』第2部で示されています。

第2章 イングランド征服の挫折と成功
——宗教の対立と立憲主義への道

1 エリザベス1世即位の時代背景

第1章6で説明したように、宗教改革をきっかけとして発生した根源的な価値観の対立は、血みどろの宗教戦争を引き起こしました。宗教戦争として思い浮かぶのは、フランスで発生したユグノー戦争（1562〜98年）や、ドイツを舞台とする30年戦争（1618〜48年）のような、特定の国内で起こる内乱でしょう（周辺諸国が干渉することもありますが）。

しかし、宗教にからんだ対立が国家間の戦争を引き起こすこともあります。本章ではその例として、イングランドをめぐる16世紀と17世紀の戦争をとりあげます。主要な対立軸は、プロテスタントとカトリックの対立です。最初は、スペインの挫折したイングランド征服の試みを採り上げます。厳格なカトリック信者であったスペインのフェリペ2世がイングランドのカトリック化をねらって企てた遠征でした。ややこしい話になりますが、しばらくご辛抱ください。

エリザベス1世が即位したのは1558年11月、彼女が25歳のときです。彼女はヘンリー8世とアン・ブーリンの間に生まれました。ヘンリーは当初、夭折した兄の未亡人キャサリンと結婚しましたが、男子の跡継ぎに恵まれず、アン・ブーリンと恋に落ちたことから、キャサリンと離婚しようとします。ところが、キャサリンの実家であるハプスブルク家の圧力もあって──神聖ローマ皇帝カール5世は彼女の甥でした──ローマ教皇が離婚を認めません。そこでヘンリーは、カトリック教会から独立したイングランド国教会を設立して、キャサリンとの離婚とアン・ブーリンとの結婚を成立させます。しかし、アンも男子に恵まれず、3年後には不義密通の罪で斬首刑に処せられました。

現在にいたるイングランド国教会が成立したきっかけは、ここにあるのですが、真摯な信仰上の理由にもとづいてできあがった国教会ではありませんから、以下に見るように、国王の考え方次第でカトリックの傾向を強めたり、プロテスタントの傾向を強めたりすることになります。プロテスタント化の傾向が過激化すると、カトリックの要素をすべて取りさるべきだというピューリタニズムになります。そして、宗教間の相剋は、国家間の対立と戦争とをもたらす大きな要因となります。

ヘンリー8世は6人の妻と結婚しましたが、唯一の男子の跡継ぎであったエドワード6世は在位6年で夭折し、キャサリンの娘メアリー1世が1553年に即位します。カトリックの信仰の篤かった彼女は、エドワード6世の下で進められたイングランド国教会のプロテスタント化を逆行させ、多くのプロテスタントを火あぶりにするなど残忍な迫害を行い、「血まみれのメアリー Bloody Mary」と呼ばれました。1554年、国民の反対を押し切ってスペインの皇太子（後のフェリペ2世）と結婚し、そのためにフランスとの戦争に巻き込まれて、海峡対岸の最後の拠点カレーを失っています。メアリーは1558年に逝去しました。

エリザベスがメアリーの後を継いで即位すると、スペイン国王となっていたフェリペは直ちに彼女に求婚します。彼の狙いは、エリザベスが企てていたイングランド国教会のプロテスタント化とローマからの再独立をはばむことであったようです。エリザベスに袖にされると、フェリペはすぐさまフランスのアンリ2世の娘イザベルに求婚し、婚姻が成立しています。彼はカトリックの信仰の篤い王でした。彼のすべての行動の目的は、神に仕えることです。エリザベスへの求婚の意思を託したとき、彼は駐イングランド大使に、神

テューダー朝系図

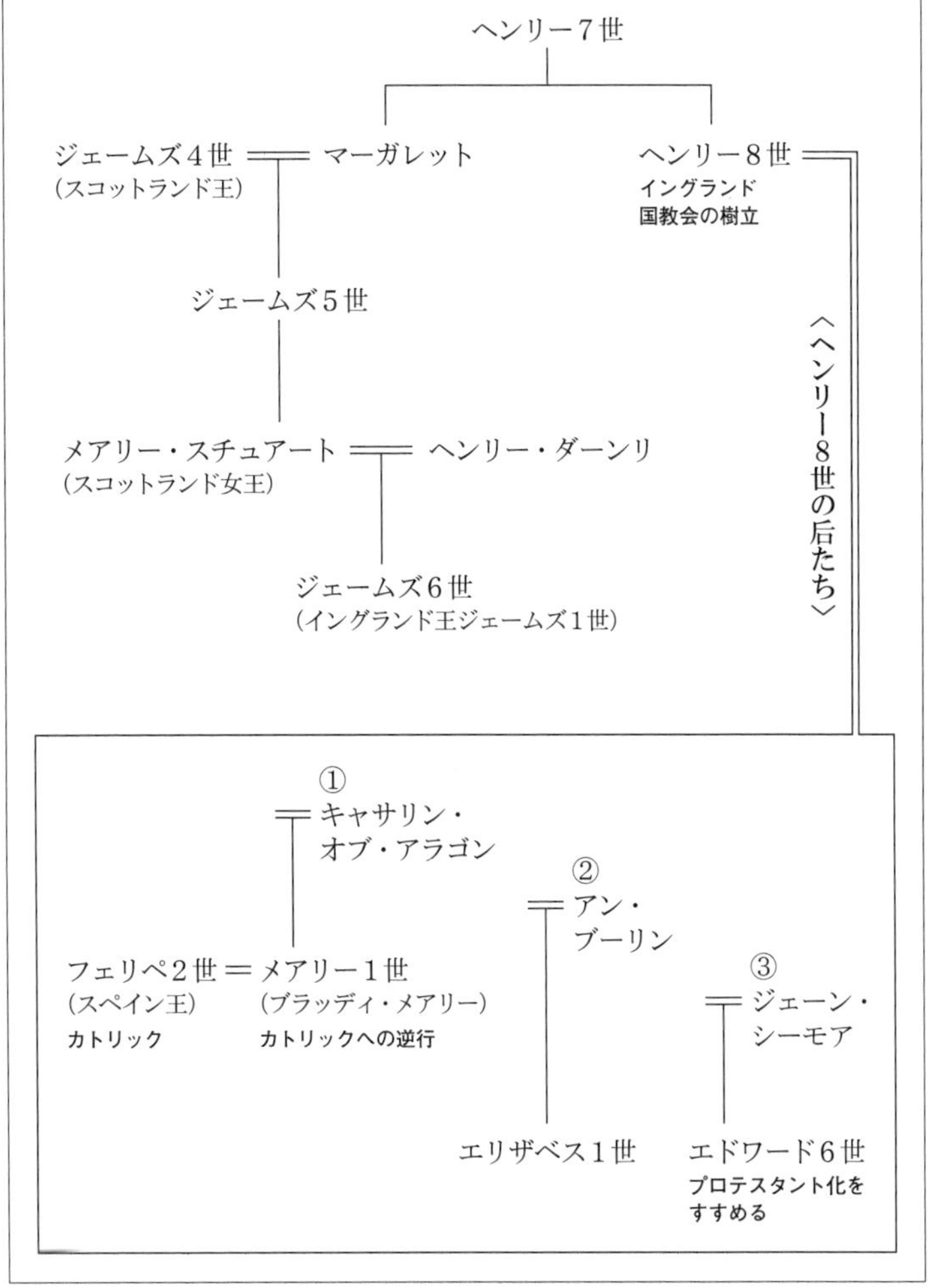
ヘンリー7世
ジェームズ4世
(スコットランド王)
マーガレット
ヘンリー8世
イングランド
国教会の樹立
ジェームズ5世
〈ヘンリー8世の后たち〉
メアリー・スチュアート
(スコットランド女王)
ヘンリー・ダーンリ
ジェームズ6世
(イングランド王ジェームズ1世)
①
キャサリン・
オブ・アラゴン
②
アン・
ブーリン
③
ジェーン・
シーモア
フェリペ2世
(スペイン王)
カトリック
メアリー1世
(ブラッディ・メアリー)
カトリックへの逆行
エリザベス1世
エドワード6世
プロテスタント化を
すすめる

のためでなければ、こんなことはしないと述懐しています。

エリザベスはひっきりなしの求婚者を次々に退けました。当時の慣行に反して、判断する前に本人に会うことを彼女が要求したこともその理由です。父のヘンリー8世が、4人目の妻を娶《めと》るとき、ハンス・ホルバインの描いた肖像画にだまされたことも念頭にあったでしょう。結局、彼女は生涯独身でした。外国の王侯と結婚していたら、その国の敵は彼女の敵になっていたはずです。そのリスクは、姉のメアリーの人生が示しています。

エリザベスは捉えどころがなく、演技が巧みで、多面的で複雑な性格だったと言われます。子どものようかと思えば抜け目がなく、率直かと思えば狡猾、飄々としているかと思えば爆発する。

宗教に対する態度もそれを反映しています。ヘンリーの下でのローマからの離脱、エドワードの下でのプロテスタント化、メアリーの下でのカトリックへの逆行、それらがもたらした国内の混乱を観察したエリザベスは、神学上の争いは「瑣末なことtrifles」だと言ったと伝えられています。聖職者がどのような衣装をまとうべきか、どのような宗教儀式を行うべきかも、個々人の魂の救済とは関係がない。イエス・キリストは一人だけ、そこへと導く道を一つに限る必要があるのかと。聖餐式で参列者が思うことは人それぞれ。誰が正しいかは、神のみぞ知るとも言っています。

国への、国王への忠誠を誓う限り、カトリックかプロテスタントかは重要ではない。しかし、国を裏切ること、叛乱を起こすことは許されません。臣民が内心で何を信じるかではなく、臣民がどう行動するかが問題です。エリザベスは、君主に臣民が服従することは神の定めた神聖な義務であり、叛乱は最悪の君主による最悪の統治に劣ると考えました。君主は地上における神の代理人です。

幸いイングランドは島国です。陸上の常備軍の必要はさしてありません。海軍を充実させてその時々の敵の敵と同盟する、多数の求婚者を操ったように多数の国々を操る。それで十分です。

しかし、エリザベスとフェリペの関係は次第に抜き差しならぬものとなります。スコットランドの女王であったメアリー・スチュアートは、多くの国民と違ってカトリックであったこともありますが、夫のヘンリー・ダーンリ卿を殺害したボスウェル伯と再婚したことで貴族たちの強い反感を買い、母国を追われてエリザベスの庇護を求め、イングランドに亡命しました。メアリーはイングランドのヘンリー8世の姉の孫でもあり、そのため反エリザベスの陰謀の焦点となります。

カトリックの観点からすると、ヘンリー8世とキャサリンとの離婚は教皇の許可がない以上、無効であり、アン・ブーリンとの結婚も無効です。したがって、非嫡出子にすぎないエリザベスに王位継承権はなく、彼女は正統な国王ではありません。他方、エリザベスの観点からすると、そもそも兄弟の妻を娶ることは、『レビ記』で禁止されており（18：16）、ヘンリーとキャサリンの結婚こそがもとから無効でした。エリザベスがフェリペからの求婚を断ったときも、同じ論拠を持ち出しています。

フェリペはメアリー・スチュアートを支援して、イングランドを再びカトリック国とすることを狙います。1570年には教皇ピウス5世がエリザベスを破門し、カトリック教徒の彼女への忠誠義務を解除しました。今やカトリックにとって、エリザベスを廃位すること、さらにはその暗殺も認められることとなります。

プロテスタントの多いオランダにカトリック信仰を押しつけようとするフェリペ2世の政策は、オランダでのスペインへの叛乱をもたらしていましたが、その叛乱を鎮圧するためにオランダに駐留していたアルバ公は、フェリペの企ては現実的ではないと考えていました。ただでさえ叛乱に悩まされているオランダから、海峡を渡ってイギリスに侵攻することは無謀です。かりにそれが成功しても、イングランド国民はエリザベスを裏切ってメアリーを国王として仰ぐことはないだろうと彼は考えました。神への信仰の篤いフェリペは、それでも計画を推し進めようとします。

1571年には、ローマとスペインとメアリーが連絡をとってエリザベスを廃位し、メアリーを王位につける陰謀が発覚しました。このときは、メアリーは処刑されずにすみました。エリザベスの大臣フランシス・ウォルシンガムは、スパイや贈賄、窃盗や拷問を使って陰謀をさぐる諜報のネットワークを張りめぐらします。血まみれのメアリーと違ってエリザベスは火あぶりの刑は使いませんでした。彼女が使ったのは拷問と縛り首です。

2　イングランド「カトリック化」への野望
――スペイン無敵艦隊の遠征

1580年、隣国ポルトガルの国王エンリケが逝去したとき、フェリペはポルトガルに侵攻して王位継承を宣言しました。強力な海軍を備えたポルトガルの併合は、エリザベスにさらなる脅威を与えました。スペインの強力な海軍とオランダに駐留している陸軍を敵に回せば、小国イングランドの命運は風前の灯火です。

エリザベス暗殺の陰謀は次々に発覚します。彼女はもはやメアリーを生かしておくわけにはいかないと考えました。しかし、準備が必要です。まず、メアリーの息子でプロテスタントとして育てられ、スコットランド王となっているジェームズ（後のイングランド国王ジェームズ1世）と交渉してメアリーと絶縁させます。幼い頃に引き離され、記憶もない母にジェームズは、さしたる思いも寄せていませんでした。

一方、ウォルシンガムは諜報機関を使って女王暗殺をそそのかす工作をし、メアリーを釣ろうとします。メアリーは見事に引っかかりました。押収されたメアリーの書簡と共謀者の（拷問による）証言は合理的な疑いの余地を残さない有罪の心証を基礎づけます。エリザベスはメアリーの処分を判断させるために議会を召集します。上下両院とも、大逆罪にあたるとしてメアリーの処刑を求めました。エリザベスは議会の再考を促しますが、議会は断固、処刑を求めます。しかし、エリザベスはそれでも処刑の令状への署名を逡巡しました。病死に見せかけて隠密裏に処理しようとした節もあります。側近が日常事務書類の束の中に令状を紛れ込ませ、エリザベスはそれと知らずに署名したとの説もあります。1587年2月8日、メアリーは処刑されました。エリザベスは大げさに悲嘆してみせました。

フェリペはそれでもイングランド侵攻をあきらめません。新たに教皇となったシクストゥス5世も、神への義務を果たすよう促します。侵攻の噂を耳にしたエリザベスは、フランシス・ドレイクに命じてスペイン沿岸を襲撃させました。ドレイクは港々でスペインの多数の船舶を焼き討ちにします。失われた船舶や糧食を補うため、侵攻は翌年に繰り越されました。

史上最大の艦隊「無敵艦隊 Armada」は、1588年5月リスボンを出航しました。エリザベスは最大の危機に直面しました。イングランドの各港は交易用に造られていて、外敵の防御には向いていません。オランダのパルマ公――アルバ公の後任――は、叛乱軍をほとんど壊滅状態に陥れています。イングランド海軍は、熟練度はともかく、数では劣っています。しかも、国民の中に隠れたカトリック信者がどれだけいるか、それは分かりません。

無敵艦隊は、オランダからイングランドに侵攻するパルマ公軍を援護する任務を帯びていました。目指すのはイギリス海峡です。艦隊は7月27日、カレー沖に到着しました。パルマ公は艦隊の到着を知って彼の軍を艀《はしけ》に乗せようとしますが、艦隊の停泊する沖合までの間はオランダ叛乱軍の快速船による攻撃を受けかねず、直ちに行動をとることができません。7月28日の真夜中、イングランド海軍は8隻の焼き討ち船を放って停泊する無敵艦隊を襲撃し、あわてて外洋に出ようとしてバラバラになった艦隊の船舶をそれぞれ攻撃しました。イングランド船の大砲は車輪付きで、砲撃するたびに後方で弾丸の詰め替えをすることができましたが、スペイン船の備えつけの大砲は扱いにくく、連続の発砲ができません。スペイン船は接近して白兵戦に持ち込もうとしますが、操舵に巧みなイングランド側はそれを許しません。強い西風の吹きつける中で風下に立った無敵艦隊の船舶の中には、オランダの岸辺で座礁するものもありました。

幸い風向きが南風に変わったため、弾薬の切れたイングランド海軍の追尾を逃れることができましたが、大損害を被り、信頼できる寄港地もなく、残った無敵艦隊は北海を経て、スコットランドとアイルランドの沖を遠回りして帰国するしかありませんでした。フェリペは、スコットランド王ジェームズが母親の処刑に対する怨念を抱いていると考えていましたが、エリザベスはジェームズに年5000ポンドの年金と大公の地位を約束して、協力を取り付けていました（戦いが終わってしまうと、大使が権限を逸脱して行った約束だと言って、履行しませんでしたが）。

損傷した無敵艦隊の船舶はアイルランド沖の荒れた海に耐えることができず、26隻が沈没し、約6000人の兵士が溺死しました。ようやく陸にたどりついた者のうち約1000人は、投降しましたが殺されました。それほどの数の捕虜を収容する施設がなかったからです。出航した130隻の艦船のうち、帰国できたのは60隻ほどだったと言われます。出征した兵士および乗組員2万5000人の半数は、溺死と飢えと疫病で死にました。イングランドはカレー沖の会戦で8隻の船を失い、犠牲者は約150人でした。

神の使命を実現するためとはいえ、目的に照らしてバランスを欠いた無謀な計画でした。フェリペ2世の頑なな信仰心は、オランダの叛乱とともにイングランドとの挫折に終わる戦争をもたらしました。彼の治世はスペインの絶頂期でしたが、国勢が衰退へ向かう曲がり角でもありました。

3　世界最強のオランダ軍がもたらした名誉革命

日本でピューリタン革命と呼ばれることの多いイングランドの大内乱が収束した後、1660年にチャールズ2世が帰還し、王政復古が果たされます。チャールズはフランスでの亡命生活が長く、王妃のキャサリンがカトリックであったこともあって、カトリックに対して寛容な態度をとっていましたが、自らカトリックの信仰を表明することはありませんでした。

しかし、嫡男のいなかったチャールズの後を継いだ弟のジェームズ2世は、カトリックであることを公にしており、国内では血まみれのメアリーの下での残虐な弾圧の再来を恐れて、彼を世継ぎとすべきか否かについて国論が二分され、それが後のトーリーとホイッグの二大政党の起源となっています。おりしも1685年10月、隣国のフランスでは、プロテスタントに礼拝の自由と公職就任を認めるナントの勅令がルイ14世によって廃止され、多数のプロテスタント（ユグノー）がイングランドに亡命したことから、カトリックへの警戒心はさらに高まりました。さらに、1688年6月にジェームズに嫡男が生まれたことから、カトリックの王統の継続が懸念されました。出産直後に本当の赤ん坊は死に、代わりに生まれの卑しい赤ん坊が持ち込まれたという噂が広がりました。

他方、ジェームズ2世の娘メアリーは、プロテスタントとして育てられ、オランダの総督オレンジ公ウィリアム（オラニエ公ウィレム）に嫁いでいました。

私が中高生であった頃は、カトリックのジェームズによる暴政に反対するイングランドの政治指導者たちが、ウィリアムに書簡を送ってイギリス来寇を招請し、それに応じたウィリアムがイングランドに渡って、ジェームズの軍と実戦を構えることもなく、ロンドンに迎えられてウィリアム3世となったという、ホンマカイナという感じの物語が世界史の教科書で描かれていました。無血革命であったことから、名誉革命と呼ばれたとも教えられました。

こうした記述は、実際の事実の経過とは異なっています。

オランダの総督であったウィリアムは、当時のヨーロッパにおけるプロテスタント陣営の盟主であり、カトリック陣営のリーダーであったフランスのルイ14世と熾烈な抗争関係にありました。しかもルイはオランダの水産物や織物へ高関税を課して、オランダを経済的に傷めつけようとします。この状況でイングランドがプロテスタントからカトリックへ

スチュアート朝系図

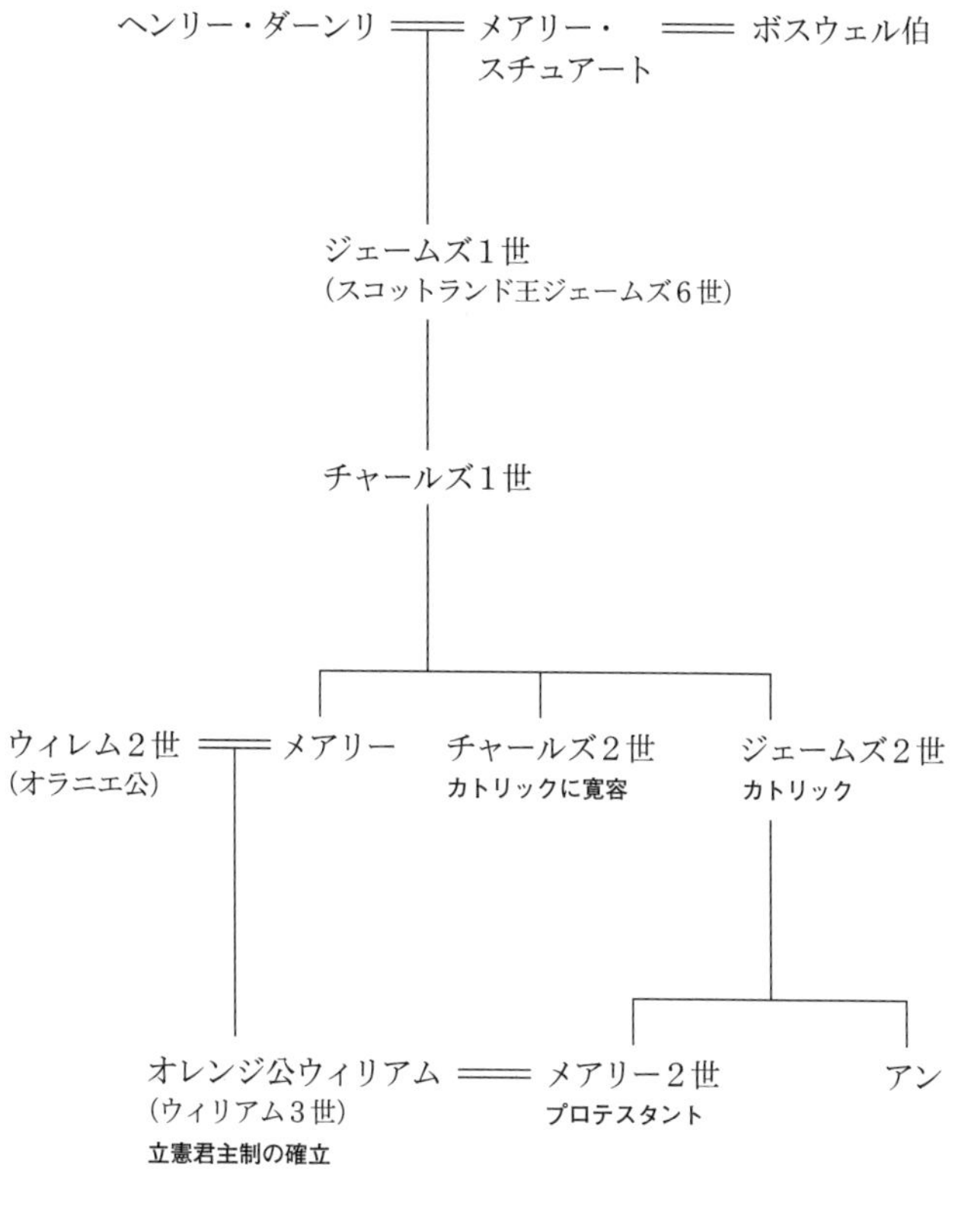

ヘンリー・ダーンリ
メアリー・スチュアート
ボスウェル伯
ジェームズ1世
(スコットランド王ジェームズ6世)
チャールズ1世
ウィレム2世
(オラニエ公)
メアリー
チャールズ2世
カトリックに寛容
ジェームズ2世
カトリック
オレンジ公ウィリアム
(ウィリアム3世)
立憲君主制の確立
メアリー2世
プロテスタント
アン

と寝返り、フランスと軍事同盟を結ぶとなると、パワー・バランスは大きく崩れます。この変化は何としても阻止する必要がありました。もっとも、宗教だけがこうした国際関係を構成していたわけではありません。カトリックのスペインは、この当時はルイの覇権におびえて反フランス陣営に属していました。

ウィリアムはイングランドを対フランス陣営に組み込むべく、遠征に向けてオランダの国論の統一を目指します。ちょうどそのとき、ルイが、ワインの買い付けのためにフランス西部に寄港した多数のオランダ船を拿捕したこともあり、オランダ各州議会は、侵攻賛成に決しました。フランスがプファルツに侵攻した隙を狙って、2万人を超えるオランダ軍の精鋭を乗せた500隻に及ぶ大艦隊（乗組員をあわせると総勢約4万人）は、1688年11月、コーンウォールのトーベイ（Torbay）に到着しました。スペインの無敵艦隊をはるかに上回る規模です。イングランド海軍はもちろん警戒していましたが、オランダ軍はウィリアム支持勢力の強いイングランド北部のヨークシャーを目指すと予測していたため、折からの強い東風によりコーンウォールに向かったオランダ軍は、無傷で上陸を果たしました。コーンウォールも、反カトリックの気風の強い地方でした。

当時のオランダ軍は世界最高水準の軍隊です。他方、海軍に頼って国を守ってきたイングランドにそれに対抗できるほどの陸軍力はありません。ジェームズはロンドンを出て、ソールズベリに陣を構えましたが、ウィリアム側に寝返る脱走兵が、指揮官を含めて続出します。しかも各地でウィリアム派の軍が挙兵しました。ジェームズは自軍の忠誠心をあてにすることができませんでした。彼らの多くはカトリックではありません。勝ち目がないと見たジェームズは12月11日、変装してロンドンを抜け出しました。その際、彼は玉璽《ぎょくじ》をテームズ川に投げ捨てています。フランスに逃亡しようとした彼はケントで漁師に発見され、身柄をロンドンに送られます。

ウィンザーに着いたウィリアムは、オランダ軍による「治安回復」まで、ジェームズにロンドンを離れるよう助言します。オランダ兵士に「護衛」されて、ジェームズは宮殿を離れ、北海沿岸のロチェスターに連れられます。彼は結局、フランスに亡命しました。彼がイングランドを離れることは、ウィリアムの利益にもかなっていました。

ウィリアムを招請する書簡がイングランドから送られたことは事実です。しかしそれは、ウィリアム自身が要請したものでした。強大な隣国フランスに本国の安全を脅かされ、しかもイングランド海軍に阻止される危険があるにもかかわらず、われわれを助けてくれと招請する者がいるからと言って、のこのこイギリス海峡を渡って行ったというおとぎ話が本当のことだとすると、ウィリアムもオランダ国民も、よほどのお人好しだったと言うべきでしょう。

軍の精鋭をイングランドに派遣したオランダは、フランスの侵攻に備えるため、ドイツのプロテスタント諸侯の軍およびスウェーデン軍を借りて守りを固めていました。それほどのリスクをオランダはおかしていたわけです。ルイは、ハーグに駐在する大使を通じて、イングランドへの侵攻はフランス自体への戦争行為とみなすと警告していました。侵攻計画を察したアムステルダムの株式市場は8月に大暴落しました。しかし9月には、侵攻は成功するとの見方が広がって、株価は持ち直しています。

イングランド侵攻に先立って、ウィリアムは侵攻の目的と理由を明らかにする文書を秘密裡にオランダ各地で約6万枚印刷し、イングランド各地に配布するプロパガンダを行っています。侵攻の目的は、ジェームズによって侵害されたイングランドにおける立憲政治、法の支配、そして信仰の自由を含む臣民の諸権利を復活させるために、議会を招集することです。ジェームズの嫡男出生に関する疑惑も議会に調査させることが約束されます。もちろん、目的が達せられれば、ただちに外国軍隊は撤退することが宣言されます。ウィリアムによる「オレンジ公の宣言」は、イングランド国内でウィリアムへの支持を集めていくことになります。

ロンドンに入ったウィリアムは、貴族院と庶民院を招集しました。正式な国王が欠けているので、これは両院と国王の三者からなる議会（Parliament）ではなく、両院集会

(Convention) です。両院は今後の政治体制をどうするかについて、なかなか合意に至りませんでした。ジェームズをなお正統な国王と考える議員も少なくなかったからです。しかし、オランダ軍の占領下にあっては避けがたい結論、つまり現下の秩序と治安の維持を実現し得る唯一の候補者であるウィリアムをその妻メアリーとともに国王とするとの結論を受け入れました。こうしてイングランドは、ルイ14世のフランスに対抗する勢力圏へと組み込まれることになります。

二人は1689年2月に共同国王となります。即位の条件として「権利宣言 the Declaration of Rights」が作成され、同年12月にはその主要な内容が「権利章典 the Bill of Rights」として法律となりました。その内容は、侵攻に際してウィリアムがイングランド各地に配布した「オレンジ公の宣言」に即したものでした。権利章典のテキストでは、両院に結集した議員たちによる古来の権利保障の要求の完全な是正と救済に関して、「オレンジ公の宣言」がその唯一の手段であり、この宣言に鼓舞されたことが明言されています。

つまり、権利章典は典型的な「押しつけ憲法」です。ロンドンが1690年春まで、オランダ軍の占領下にあったことを忘れてはいけません。トーベイに到着したウィリアムの軍勢を1万そこそことする歴史書も多いですが、これは名誉革命でオランダの果たした役割を小さく見積もろうとする事後の粉飾です。オランダ軍によるロンドン占領の事実も、

18世紀に入ると、言及されることはなくなりました。

イングランド議会は、ウィリアムの戴冠を認める代わりに、身分ごとの臣民の「古来の権利」を認めさせ、結果としては、当時、絶対主義へと転換しつつあった他の君主制国家とは異なり、議会によって王権が制限され、宗教的寛容と表現の自由を特徴とする立憲主義的政治体制の確立へと向かうことになります。押しつけられた憲法を受け入れ、堅持することで、イングランド議会は王権の手を縛ることができました。別の言い方をするならば、イングランドはオランダに似た国になったわけです。

ちなみに、絶対主義（absolutism）とは、法の拘束から解き放たれた（absolved）体制という意味です。ルイ14世と並んでジェームズの統治もその典型とみなされていました。

4　ウィリアム3世のアイルランド侵攻

イングランド国王となったウィリアムですが、国民の信従を得ていたわけでは必ずしもありません。当初は彼の到来を歓迎したものの、彼が国王となったことに失望した者も少なくありませんでした。占領を続けるオランダ軍への反感も民衆の間に広がります。他方、オランダからは、すみやかにオランダ軍を撤退させ、あわせてイングランド軍を派遣するよう要請されます。

ジェームズはルイの支援を得て、カトリックが多数を占めるアイルランドに上陸し、そこからイングランドへの反攻を試みようとしました。1689年3月には、ジェームズはダブリンを含むアイルランドの大半を勢力下に収め、ウィリアム側の勢力圏は現在の北アイルランドに相当する地域に限定されました。

窮地に立たされたウィリアムは、みずからアイルランドに遠征します。とはいえ、イングランド軍は頼りになりません。頼りになるのは、オランダ軍の精鋭と、新たにデンマークから借りてきた7000の兵、そしてユグノーの4連隊です。1690年7月のボイン川（the Boyne）の戦いで、ウィリアムの軍は7000のフランス兵で補強されたジェームズの軍と対決しました。オランダ軍の突撃にジェームズ軍は隊列を崩し、デンマーク軍とユグノー軍が続きます。ジェームズ軍は後退し、ジェームズ自身はフランスに逃げ帰りました。ウィリアムは4日後、ダブリンに入城します。

ボイン川の会戦は、イングランドがアイルランドを打ち破った戦いとして知られていますが、その実態は、オランダとデンマークの連合軍がジェームズとフランスの連合軍を打ち破った戦いです。

イギリスは島国ですが、その歴史はイギリス諸島内部で自己完結しているわけではありません。ヨーロッパ各国との国際関係の中で、イギリスの歴史も見ていく必要があります。

＊本章の執筆にあたっては、主として、John Lewis Gaddis, *On Grand Strategy*, chapter 5の他、Jonathan Israel (ed), *The Anglo-Dutch Moment: Essays on the Glorious Revolution and its World Impact* (Cambridge University Press 1991); Ann Lyon, *Constitutional History of the UK* (2nd edn, Routledge 2016), chapters 12 and 15; Anne Somerset, *Elisabeth I* (Phoenix 1997) を参考にしています。

スコットランド王のジェームズ（後のイングランド王ジェームズ1世）は、シェイクスピア劇『ハムレット』のモデルの一人と目されています。本文で説明したように、ジェームズの母、メアリー・スチュアートは、自身の夫ヘンリー・ダーンリ卿を殺害したボスウェル伯とすぐさま結婚しました。ハムレットの母も夫である国王を殺害したハムレットの叔父と結婚しています。ハムレットはデンマークの王子ですが、ボスウェル伯は叛乱軍との戦いに敗れて、デンマークに逃亡し、その地で収監されて狂死をとげています。『ハムレット』が上演されたのは、１６００年から１６０４年にかけて、いまだ後継の定まらぬエリザベス朝末期から、ジェームズ１世の治世の初年にかけてのことでした。

権利章典は、ジェームズ2世が行った数々の悪行を列挙しています。その詳細については、さしあたり拙著『憲法学の虫眼鏡』（羽鳥書店、2019）9頁以下の「法律の誠実な執行」をご覧ください。

第3章 『戦争と平和』とナポレオンの戦法
——国民動員国家の幕開け

1 ヘミングウェイとトルストイ

戦争を素材とする文学作品は少なくありません。アーネスト・ヘミングウェイの『武器よさらば』（1929年刊）には、第一次大戦中、彼が赤十字の救急車のドライバーとしてイタリアで勤務した経験が生かされています。

主人公のヘンリー中尉は、アメリカ人ですがイタリア軍の衛生隊で軍務についています。戦闘が休止している冬の間、休暇をとってイタリア各地を回った後、駐屯地に戻ったヘンリーは、同室の軍医リナルディから、休暇はどうだったと聞かれて、「いろんなところへ行った。ミラノ、フィレンツェ、ローマ、ナポリ、サン・ジョヴァンニ、メッシーナ、タオルミーナ……」「時刻表を読み上げてるみたいだな。素敵な経験は？」「もちろん」「どこで？」「ミラノ、フィレンツェ、ローマ、ナポリ……」「もういいよ」。ドライなユーモアのセンスは、抑えた筆致による心理描写やみずみずしい自然の情景と並ぶ、ヘミングウェイの魅力です。

この小説を読むと主人公の飽くなき食欲に圧倒されます。ただひたすら食べています。ヘンリーはスロベニアの最前線の塹壕で迫撃弾の直撃を受け負傷しますが、その際も金属製の鉢に山盛りの冷たいマカロニを水筒に入ったワインで胃に流し込んでいる最中でした。腹が減った部下にせっつかれて、敵の大規模な砲撃の中、地べたに這いつくばりながら塹壕まで何とか運んできたマカロニです。

物語の終わり近く、恋人が陣痛に苦しむ中で、ヘンリーは病院近くのカフェで昼食をとります。ランチの時間は終わったと言われて「食べるものはないのか」と聞くと、ザウアークラウトがあるとの答え。ザウアークラウトとハムとソーセージにビールを頼みます。病院に戻ると、子どもは死産でした。母親の容態は落ち着いていると言われて、同じカフェに今度は夕食をとりに出かけます。本日の定食のビーフ・シチューはもう終わりで、あるのはハム・エッグかチーズ・エッグだと言われ、ハム・エッグとビールを頼みます。人間、どんな状況でも腹は減るということなのでしょう。

ヘミングウェイは、戦争が終わった後、最初の妻、ハドリー・リチャードソンと結婚し、パリで暮らし始めます。『移動祝祭日』は、その頃の日々を描いています。本書に登場するヘミングウェイは、まだ売れない作家で、ある日、昼食を抜いてひもじい思いをした後、シェイクスピア書店に寄ると、思いがけずドイツの雑誌社から600フランの原稿料が届いている。彼は、ブラッスリー・リップに出掛け、そのお金でオリーヴ・オイルをかけたポテト・サラダにセルヴラ・ソーセージ、それに冷たいビールを頼みます。おいしそうですね。妻のハドリーは大変な資産家で、貧乏生活をする必要は、実はなかったという話もありますが。

シェイクスピア書店は、貸本業を営んでいました。ヘミングウェイはここで、ツルゲーネフ、ゴーゴリ、トルストイ、チェーホフなどの作品の英訳を借り出して読んでいます。トルストイの『戦争と平和』について、部隊の移動、戦場の地形、将校、兵士、戦闘のありさまの描写が真に迫っている、スタンダールの『パルムの僧院』でのワーテルローの戦いの描写に匹敵する、と彼は言います。トルストイの後で、南北戦争を描いたスティーヴン・クレインの作品を読むと、本当の戦争を一度も見たことのない病弱な若者の絢爛たる空想を読まされている気がするとも述べています（『移動祝祭日』15章「リラでのエヴァン・シップマン」）。

トルストイが描く主要な戦闘場面は、ロシアとオーストリアの連合軍がフランス大陸軍に大敗を喫したアウステルリッツの会戦（1805年）とロシア、フランス両軍が甚大な損害を被ったボロジノの会戦（1812年）です。登場人物の一人、アンドレイ・ボルコンスキーは、アウステルリッツの会戦で負傷し、捕虜としてナポレオンと遭遇します。彼はボロジノの会戦で重傷を負い、やがて亡くなります。

『戦争と平和』でトルストイは、戦略や戦術にほとんど価値はないという態度をとっています（『戦争と平和』第3部第2篇）。すぐれた指揮官は、あらゆる偶然性を事前に見抜き、敵の考えを察する能力を持っていると言う旧友ピエール・ベズーホフにアンドレイは、そんなことは不可能だと言います。チェスと違って戦場では一手一手に考えを巡らす時間的余裕はない。チェスの駒と違って、戦場では戦意や勢いによって大隊が旅団より強いこともあれば、中隊より弱いこともある。天才と言われるナポレオンも、戦闘の成り行きを支配できるわけではない。戦場で起こることは、ナポレオンの意思からではなく、彼とは無関係に戦闘全体に参加した無数の人々の意思と行動の積み重ねから生ずるというのが、アンドレイの見解です。

ボロジノの会戦でも、ナポレオンの下にはひっきりなしに戦況の報告がもたらされますが、報告の内容が伝聞であったり、報告がもたらされるまでに実際の状況が変動したり、現に戦闘が行われている最中の状況をそもそも報告することが不可能であったりするために、すべての報告は事実と異なっています。ナポレオンの指示はすでに行われているものか、与えても行われないかです。ナポレオンより戦場近くに位置する元帥や将軍たちは、独自の判断で軍の行動を指揮せざるを得ませんが、その彼らの指示もまれにしか実行されることはない、とトルストイは指摘します。その場にとどまるように言われた歩兵部隊の前には突然ロシアの部隊が姿を現すし、騎兵部隊は指示を受ける間もなく、敗走するロシア軍を追走します。指揮官は隊列を立て直して前進しようとしますが、降りしきる砲弾の中で再び兵士たちはやみくもな行動に走ります。若い頃のナポレオンは自ら馬を駆って前線の状況を把握していましたが、贅沢が過ぎて健康を害したナポレオンは、前線から遠い本部で混乱した情報の渦の中で途方に暮れています。

ボロジノの会戦の直前、アンドレイは、戦争は広範な場に移して展開されるべきだというクラウゼヴィッツ（彼は当時、ロシア軍の参謀を務めていました）の発言を小耳にはさんで、あのドイツ人の頭を満たしている理屈には台所の生ゴミほどの値打ちもないと吐き捨てるように言います。彼らは全ヨーロッパをナポレオンにくれてやって、その上我々に教えを垂れようとしている。アンドレイに言わせると、戦争の勝敗を決めるのは、自分たちは勝つという強固な意思です。アウステルリッツの戦いでなぜロシアが負けたかと言えば、両軍の損害はほとんど同じであったにもかかわらず――これは事実と異なります――われわれが負けたと自分に向けて言いきかせたからだというわけです。問題は軍備でも戦略でもない、大和魂だと言い張る日本陸軍の軍人のようにも見えてきます。

しかしそのトルストイも、ナポレオンの戦略や戦術の意義を完全に否定しているわけではありません。ボロジノでの戦闘が思い通りに進まないことに焦燥するナポレオンは、今までと同じ方法を用いているのになぜことがうまく運ばないのか、砲兵隊による一地点への集中砲火も、戦線突破を目指す後詰めの予備隊や騎兵隊の連続攻撃も、なぜか期待した結果を生まないと思い悩む姿で描かれています。今までは成功してきた戦略が、なぜか機能しない。

トルストイはナポレオンの戦法の特徴をよく把握していたように思われます。ナポレオンは、戦争遂行の方法についていくつもの新機軸を打ち出した人物です。それについては、節を改めてお話ししましょう。

2 ナポレオンの戦略――国民軍の動員

コロンビア大学のフィリップ・バビット教授は、憲法学者でありながら戦略論の専門家でもあります。彼の著作『アキレスの楯 *The Shield of Achilles*』は、フランス革命以降の近代国家を「国民国家 nation-state」と「国民動員国家 state-nation」に区分します。国民国家は、国民の福祉を実現するための国家で、なじみ深い概念です。他方、国民動員国家は、国家の目的を遂行するために支配下にある国民や民族を動員する国家で、バビットの造語です。

バビットによると、ナポレオン統治下のフランスは、典型的な国民動員国家でした。ナポレオンは、現在のフランス国境を超えて多くの民族を支配下におきましたが、フランス以外の民族のナショナリズムは抑圧しました。彼の帝国自体もそうでしたが、彼は征服した諸国家を、国民を代表する議会の指導する国家にしようとしたわけではなく、彼に率いられる大量の兵士の供給源として活用しようとしました。同時期の大英帝国も同様の国民動員国家です。

ナポレオンの戦略上の新機軸ですが、まずフランス革命のおかげで、ある有利な条件が整えられていました。オーストリアとプロイセンが1792年にフランスに侵入し、さらにルイ16世の処刑を機にイギリス、スペイン、ポルトガル等の諸国が対仏同盟に参加すると、1793年8月に国民公会は「国民総動員 levée en masse」を宣言します。18歳から25歳までの独身男子を対象とする徴兵制です。富裕層は金を払って代人を立てることもできましたし、徴兵逃れも横行しましたから、文字通りの一般的な徴兵制ではありませんが。

しかし、この施策により、フランスが動員できる兵士の数は40万人近くまで（一説によると70万人近くまで）一挙に増大しました。プロイセンのフリードリヒ大王の率いる常備軍は、５万人を超えることは滅多になかったと言われます。勢力の均衡を旨とし、特定の王位の継承、特定の領土の得失を目的として限定的な戦争と講和を繰り返してきたそれまでのヨーロッパ諸国と違い、膨大な国民軍同士の決戦によって撃破された国家は、国家自体の存立が脅かされることになります。

ナポレオン登場前の諸国家は、もっぱら新たな領土の獲得を目的として、よく訓練され装備の整った（つまりコストのかかる）常備軍を用いていました。こうした軍隊は、可能な限り実際の戦闘を避けつつ、敵軍の裏をかいて陣を進め、占拠した地点にとどまることで、支配地を拡張しようとします。他方、訓練や装備が不十分ではあるが大量に消費可能な国民軍を動員することができたナポレオンは、大量の兵士を実際の戦闘に投入することで、敵軍を壊滅させようとします。彼が目指したのは、領土の獲得ではありません。さらなる戦争継続のために利用可能な人員と資源を調達すべく、他国を服従させることです。

野戦用の可動式の大砲も、この頃に発明されています。ナポレオンは、それまで攻城戦でもっぱら用いられてきた大砲を敵陣の１点に集中砲火を浴びせて突破する手段として利用しました。また、戦闘にあたって、横に広く薄く展開する陣形（横隊）ではなく、縦に厚い陣形（縦隊）をとり、敵陣に突撃する戦略がとられるようになります。この戦略は――両側面を衝かれるリスクもありますが――訓練の足りない大量の兵士を用いるのに適しています。軽装備の散兵を使って敵陣の攪乱を狙う手法も活用されました。

さらに、全軍をいくつかの軍団に、軍団をさらに師団に分けて、分散して機動的に移動できるようにする工夫がなされます。ナポレオンは１８０５年、北フランス、オランダ、ハノーバー等各地に展開していたフランス軍をウルムに集結させてオーストリア軍を撃破します。ついで、フランス軍は分散して行軍し、アウステルリッツで再び集結してオーストリアとロシアの連合軍を撃破します。翌年にはこれらの軍団はイエナに集結してプロイセン軍を撃破します。連合軍からなる敵陣に集中攻撃を加える際は、コミュニケーションが困難な両軍の連結点に狙いを定めました。

ナポレオンが重視したのは、敵の戦意を挫くことです。そのためには、敵の領土奥深くまで侵入し、敵軍がその全勢力を集中して反撃しようとするとき、それを撃破することが肝心です。ウィーンを奪い返すためにオーストリアとロシアが援軍を待つことなくアウステルリッツに集結したときにそれを叩く。１８０６年には、ベルリンに向かって進軍することでプロイセン軍が反撃せざるを得ない状況に追い込み、イエナとアウエルシュテットで撃破したのが、その典型例です。他国の将軍たちと異なり、ナポレオンは政治指導者を兼ねていましたから、即座に決断し、果断に行動することができました。

ロシア戦役が挫折に終わったのは、ロシア軍がナポレオンの望んだ決戦を仕掛けようとしなかったことに原因があります。ボロジノの会戦でも、ナポレオンはロシア軍への芸のない正面攻撃を繰り返し、前線の将軍たちの要請にもかかわらず近衛師団の投入を拒否して、決定的な勝利を逃しました。会戦後も、ロシア軍は規律をもって撤退し、軍を立て直しました。他のヨーロッパ諸国と異なり、広大なロシアはここまで敵軍の侵入を許すと国としてもう成り立たないという限界のない国です。モスクワを明け渡すことになっても、ツァーはナポレオンと講和交渉を行う必要性を認めませんでした。冬の到来を前にフランス軍（それはドイツ諸邦の軍などからもなる連合軍でしたが）はモスクワを離れ、厳しい撤退戦の中で、雪と飢えとチフスの蔓延とパルチザンの攻撃で兵力の過半を失います。ロシアの自然国境であったネーメン川を渡ったナポレオン軍は約60万人でしたが、帰りついたのは約9万人でした。

ライプツィヒの戦いに敗れたナポレオンは、エルバ島に「流された」と言われることがあります。しかし、フォンテーヌブロー条約によれば、彼はなお皇帝の称号を保ち、エルバ島の支配権を確保し、年額200万フランの年金の受給も約束されていました。膨大な人命を犠牲とし広大な領域を荒廃させながらも、彼は戦争犯罪人ではありませんでした。この時代、戦争は犯罪ではなかったからです。彼が法の庇護を剝奪され、アウトローとされたのは、対仏同盟諸国との条約に違背してエルバ島を脱出した後のことです。

ナポレオン戦争を経て、ヨーロッパ各国はフランスと同様の国民動員国家へと変貌を遂げました。それが国民国家となるには、ビスマルクの指導するドイツ帝国の到来を待つ必要があります。国民を動員して武装させる国家は、武力による民衆の反乱と抵抗のリスクにさらされます。ナポレオンが退場した後のウィーン体制は、主要国の勢力の均衡（つまり国際的な平和）とともに、各国の国内体制（君主制原理）の保全を狙いとしていました。

3 クラウゼヴィッツの『戦争論』

戦略と戦術とは、互換的に用いられることもあり、区別が容易ではありません。戦略（strategy）は、ギリシャ語で将軍を意味するstrategosに由来することばで、最高指揮官による部隊の配置や行動の指揮のレベルで使われ、戦術（tactics）は、敵兵を前にする具体的場面での戦い方を描く際に用いられることが多いと言えるでしょう。もっとも、正確な定義が広く受け入れられているとまでは言えません。

ボロジノの戦いにロシア側で参加したクラウゼヴィッツは、『戦争論』の著者として有名です。後で述べるように、彼は戦場での情報の不確実性と偶然性の支配を強調しますから、ボロジノでのフランスの勝利も、戦略や情報収集の点でフランスが上回ったからではなく、その場の状況と偶然の結果だということになるでしょう。また、広大なロシアは、国内対立がない限り、征服することは困難であることを指摘します。ロシアから見れば、戦争は広範な場で展開されるべきです。さらに、ナポレオンがボロジノの戦いを勝ち切らなかったことを批判しています。敵軍を決定的に破壊しない戦勝には、限られた価値しかありません。

クラウゼヴィッツの軍人としての評価は、さして高いものではありませんでした。彼は、ナポレオン戦役から学んだ教訓を『戦争論』にまとめようとしましたが、刊行前に彼はコレラで病死し、しかも直前まで彼は草稿の大がかりな手直しを進めていたところでした。草稿は混乱したまま残されました。『戦争論』に対する評価が定まっていない要因の一つです。他方、彼の行論に含まれるさまざまな要素の矛盾と緊張、そこから生ずる混乱と不明瞭さは、マルクス主義者、ナチス、リベラルなど、多様な勢力が彼を典拠として引き合いに出す背景ともなっています。

クラウゼヴィッツの「戦争は別の手段による政治の継続だ」という警句は有名です。戦争は究極の暴力行使です。他方、ここで言う「政治」は日々繰り広げられる党派間の対立や利害調整のことではなく、一国全体の中長期的利益の推進――最低限、国家の生き残り――をいかに図るかを問うものです。戦略には固有の原理や規則もありますが、それは政治と切り離された自律的なものであってはならない。戦略や戦術には究極の目的である政治によって画される限界がある。手段は目的に照らしてバランスがとれたものでなければならない。それがクラウゼヴィッツの言いたいことです。さもなければ、戦争は無目的な暴力そのものになり下がります。政治的観点が軍事的観点に従属することは、あってはなりません。

「戦争は別の手段による政治の継続だ」というこの警句は、シヴィリアン・コントロール（文民統制）の根拠として引き合いに出されることがよくありますが、決して、近視眼的な党派政治の道具として軍を使う口実にすべきものではありません。この問題については、朝鮮戦争を扱う第9章で立ち返ることにします。

彼は、戦争が三つの要素の三位一体からなると言います。第一がやみくもな暴力行使を引き起こしがちな憎悪と敵対心、第二は偶然と確率の中で展開される戦略・戦術の技能、第三が戦争を理性に従わせる、戦争はあくまで政治の手段であるという理性的観念です。

とはいえ、戦争の原理と論理は、ときに政治家の政治判断と衝突します。また、戦場での剝き出しの暴力と大衆の敵対感情は、採り得る戦略や政策を制約することがあります。政治の民主化と戦略や政策の合理性とは対立することがあります。逆に、憎悪と敵対心が絶対的な暴力行使として立ち現れることが稀なのも、他の二つの要素が暴力行使を制約するからです。三者の関係は単純ではありません。

さらに、実際の戦争遂行の場面では、さまざまな予見不可能な「摩擦」が発生するために、単純であるはずの行動の実施も困難をきわめることが少なくありません。兵員や武器弾薬の移動には遅れが生じ、具体の戦闘は必ずしも成果を挙げず、約束された地点に友軍は到着しません。敵軍が予想外の行動をとることもあります。このため、目的が100%実現することは期待できません。摩擦は遅延と混乱をもたらし、見通しは霧でおおわれ、正確な状況把握を妨げます。トルストイも『戦争と平和』で同様の観察を提示していました。

しかしそれでも、クラウゼヴィッツは、戦争は各段階で何をなすべきかを明確にした事前の計画、それもなるべく単純な計画なしに始めるべきではないと言います。もっとも、実際に開始されれば、計画はその都度改定される必要がありますが。単純な計画は、着実な遂行を要求します。つまり各段階での戦闘が成功に終わる必要があります。さもなければ、計画は変更されなければなりません。

事前に計画を立てるべきなのは、第一に、予測不能な要素は多数あるものの、すべてが偶然であるわけではないからです。それぞれの行動がどのような結果をもたらしそうかを予測することはできますし、敵軍の能力や戦意をある程度、正確に測ることはできるはずです。第二に、その時々にもたらされる情報は必ずしも正確ではありません。クラウゼヴィッツによると、戦時における多くの情報は相互に矛盾し、事実に反するか不確実なものです。確固たる事前の計画なしには、戦争遂行は確たる根拠もなく逸脱しかねません。もっとも、情報の収集・通信そして処理技術が向上すれば、この忠告はもはや適切なものではなくなるでしょう。第三に、戦争遂行に摩擦はつきものですから、確固たる事前の計画なしには、戦闘の目標を見失うことになりかねません。優れた将軍は、摩擦が必ず起ることを予測してそれに対処するとともに、計画通りの目標達成に期待をかけすぎないものです。

クラウゼヴィッツは、兵力の数量の重要性を指摘します。各国の軍の装備や訓練の程度は、だいたい同じである以上、数がものを言います。敵軍を惑わし士気を低下させる計略も有効ではありますが、最良の指揮官の技能も2対1の兵力差によって埋め合わせができると彼は言います。したがって、効果的な兵力の動員と移動が勝敗を決する蓋然性が高くなるわけです。

クラウゼヴィッツは、戦争においては防御する側が有利だと言います。敵国に侵入するには、時間と資源と労力がかかります。防御側はその間によく見知った土地で防御を固めることができますし、補給線も短くてすみます。攻撃側は防御側の陣営のいずれの地点を攻撃するかを自分で選ぶことができますが、選んだ地点の防御が予想以上に固く大損害を被るかも知れません。攻撃が成功しても、パルチザン戦で消耗するうちに、他国が防御側で参戦するかも知れません。いずれも、ナポレオンがロシア戦役で経験したことです。

他方、攻撃に関しては、敵の重心（Schwerpunkt）を叩くべきだとクラウゼヴィッツは言います。重心は、敵軍のすべての要素がそこでバランスを保っている1点です。そこを攻撃することで、敵軍はバランスを失って崩壊します。そこは、敵軍の兵力が集中している地点とは限らず、敵軍の指揮命令が行われている地点、全軍の連絡の中心となっている地点かも知れません。あるいは、敵国の首都、さらには敵対する国々の連合そのものが敵の重心である可能性もあります。ナポレオンはモスクワに入城しましたが、それはロシアが仕掛けた罠でした。ナポレオンは撤退を決断し、そこでフランス軍のバランスは失われました。バランスを失った軍は、梃子の原理により、小さな力で大きく傾きます。他方、国家連合が維持され発展するには、各国間の政治的目的の一致、政治的利害の一致が必要です。そこを狙って、連合の瓦解を図ることもできます。

敵の重心を叩くべきだという指摘自体は単純なようですが、何が、そしてそのどこが重心なのか、それを見極めることは簡単なことではありません。

忘れてはならないのは、戦争は政治の一手段であること――クラウゼヴィッツが『戦争論』で繰り返し強調しているのは、それです。

＊本章の執筆にあたっては、「はしがき」で紹介した参考文献のうちPhilip Bobbitt, *The Shield of Achilles*; Lawrence Freedman, *Strategy*; John Lewis Gaddis, *On Grand Strategy*; Michael Howard, *War in European History* の他、Andrew Roberts, *Napoleon the Great*（Allen Lane 2014）を主に参考にしています。ナポレオンの戦略については、満州事変を引き起こした張本人の一人、石原莞爾の『戦争史大観』（中公文庫、２００２）も記述しています。

第4章 ビスマルクとドイツ帝国

——兵の大量動員と国民国家の誕生

1 軍事技術の進展と戦略の変容

ビスマルクの率いるプロイセンが、デンマーク、オーストリア、フランス等の諸国との戦争を経てドイツ統一を目指したとき、ナポレオンの開発した戦法は、さまざまな技術の進展のために変容を余儀なくされました。

第一に鉄道が発明され、幹線道路の整備も進んで、兵員や糧食の輸送が効率化しました。行軍の疲れもなく兵士が戦場に到着すること、傷病兵を送り返すこと、ときには休暇をとることも可能となります。戦場へと動員可能な兵力の規模は、その国の人口と経済力で決まることになります。１８７０年に北ドイツ連邦が対フランス戦に動員した兵力は約１２

0万人で、ナポレオンがロシア戦役で率いた兵力のほぼ倍です。

第二に、銃身の内径にラセン状の溝をつけるライフル技術によって、銃火器の精度と飛距離が格段に向上し、連射も可能となりました。兵士は自らを危険にさらすことなく、遠距離から敵兵を殺傷することが可能となります。ライフル施条をした後装式の大砲もクルップ社によって開発されました。

こうした技術の進展の結果、遠距離からの敵の攻撃のリスクに対処しつついかにして敵軍に立ち向かうか、そして、一挙に全軍を移動させることの困難な大量の軍をいかに戦場に送り込み、それを統率するかという課題に、直面することになります。

ナポレオンは自軍をいくつかの軍団・師団に分割して別々に行軍させ、決戦前に戦場に集結させました。これは、彼が内線（interior line）作戦を得意としたことによります。自軍を分割することなく集結させ、一気に敵陣の弱点に突撃する戦法ですが、高性能の銃火器で武装した大軍相手では、この戦法は自殺行為です。ナポレオン戦争当時、敵陣からの集中砲火によって兵士の多くが死傷する距離は150メートルであったと言われています。普仏戦争（1870〜71年）当時はこの距離が400メートルに、そして1890年代半ばには1500メートルにまで延びました。

プロイセンの参謀総長であったヘルムート・フォン・モルトケが編み出した戦法は、敵陣とは距離をとりつつ、同心円状に敵軍を包囲し、火力を用いて追い込んだ上で総攻撃を加え、殲滅させるというものでした。この戦法は、オーストリア軍に対してケーニヒグレーツの会戦（1866年）で、フランス軍に対してセダンで（1870年）、赫赫《かっかく》たる戦果をあげます。

こうした戦法をとるには、敵軍を包囲するに十分な大量の兵員の徴集が必要となります。また、軍のメンバーに積極的な参加意識、高揚したナショナリズムに支えられた義務感が必要となります。そのためには、一般大衆の政治参加——普通選挙——が求められます。クラウゼヴィッツが言うように、戦争は別の手段による政治の継続ですから、戦争に駆り出される大衆が政治への発言権を求めるのは当然のことです。また、大量に動員される一般大衆に健康で文化的な生活を保障し、傷病兵に年金を与え、戦死した兵士の家族の生活を支えることも必要となります。「大衆の政治参加」と「福祉国家・社会国家」は、国民国家を運営する車の両輪です。前時代の国民動員国家と異なり、国民国家は、国民の格差なき福祉の向上を目指し、そのために戦争を遂行する国家です。ビスマルクのドイツは、最初の福祉国家でした。

日本でも社会保障法制は、軍国主義の進行と足並みを揃えて整備されています。厚生省が内務省から分離・独立したのは1938年1月、国民健康保険法が公布されたのは、国家総動員法と同じ1938年4月です。1941年3月には労働者年金保険法が公布されました（後に厚生年金保険法と改称）。全国民の生活と健康の保障（国民皆保険）は、国民皆兵と裏腹でした。

他方、普通選挙制度が実施されて一般大衆が政治の場に参入すると、政治のあり方も変化します。それまでの、選挙権が所得や財産によって制限されていた政治制度では、政治家は自身の資産と声望を基盤に選挙を勝ち抜き、議会に議席を得ることができました。議会で彼らは、自身の利害と見解に基づいて発言し、投票します。ところが有権者数が膨大になると、政治家は組織政党の力を借りないと議席を得ることができなくなります。組織政党の供与する資金と人員に助けられ、組織政党の作った政策綱領を掲げることで議会に議席を得ることができるわけですから、政治家は所属する政党・会派の指示に従って発言し、投票するようになります。政党国家化が進むわけです。

1870年7月にプロイセンは10箇師団、42万6000人の兵員を動員しました。対するフランス軍は35万人です。二手に分かれたフランス軍のうちの一つはメッツで籠城に追い込まれ、降伏しました。メッツの救援に向かったもう一手の軍はベルギー国境に追い詰められて降伏します。

翌年の1月、プロイセンのヴィルヘルム1世はヴェルサイユでドイツ皇帝となります。

もっとも、「皇帝」は称号です。ドイツ帝国憲法上の彼の地位は連邦主席で、連邦参議院の議長を務めました。しかし、連邦参議院でプロイセンは17票、バイエルンは6票、ザクセンとヴュルテンベルクは各4票、バーデンとヘッセンは各3票、メクレンブルクとブラウンシュヴァイクは各2票で、残りは1票ずつでしたから（全体で58票）、議長であるプロイセン政府は圧倒的な政治力を保有していました。

他方、セダンで降伏したナポレオン3世は退位させられ、1870年9月にはレオン・ガンベッタをリーダーとする臨時国防共和政の樹立が宣言されます。新政府は戦争継続を選び、パリを包囲するドイツ軍はパルチザンのスナイパーの銃撃等で甚大な損害を被ります。フランスにはなお広大な後背地があって兵の徴募が可能でしたし、制海権はフランスにあり、物資の補給も可能でした。戦争長期化の不利を悟ったビスマルクは、戦争の早期終結を求めてパリを砲撃するよう、逡巡するモルトケに迫ります。この際ビスマルクは、南北戦争中、南部連合に属する一般人民の戦意を喪失させるために焦土作戦を実施したアメリカのフィリップ・シェリダン将軍から助言を得ていたと言われます。

1871年1月5日に砲撃が開始され、1月28日、パリは陥落しました。続いて3月にはパリ民衆の蜂起――パリ・コミューン――が勃発します。フランス政府はようやくドイツとの講和に踏み切り、コミューンは鎮圧されました。フランクフルトで正式に締結された講和の内容は、アルザス、ロレーヌの割譲を含む厳しいものでした。

大量の兵員と鉄道輸送、新鋭の銃火器を用いた戦闘は短期決戦で決定的な結果をもたらし得ること、これが普仏戦争の教訓の一つです。しかし、決戦での勝利後、敵国民の士気を損なう冷酷な手段を用いてでも講和を早期に勝ち取らないと、敵国の抵抗が勝利を台無しにしかねないこと、それもう一つの教訓でした。

敵軍を急襲して短期間に決定的な勝利を収めれば、有利な条件で戦争を早期に終結させることができる。こうした想定は、政権にある人々を侵略へと誘惑しがちです。しかし、戦争学者のローレンス・フリードマンが指摘するように（*The Future of War*, chapter 1）、そうした「決戦」は実際には稀で、多くの場合、侵略は消耗戦をもたらします。長期にわたる消耗戦が経済や社会に与える打撃は、軍だけでは処理することのできないものです。戦争は軍と軍の決戦ではなく、国家同士の国の総力をあげた闘争となります。

1868年のサンクトペテルブルク宣言は「戦時において諸国が達成しようと努める唯一の正当な目的は、敵国の軍隊の弱体化」であるとその前文で宣言していますが、モルトケは、その書簡の中で全く同意できないと述べています。「敵対する政府を支えるすべての資源の弱体化を考えるべきである。財政も鉄道も食料も、その威信さえも」。ドイツ自身がいずれ思い知ることになる教訓です。

1914年に第一次大戦が勃発したとき、ドイツの参謀本部は普仏戦争の再現を狙っていましたが、西部戦線は塹壕戦の膠着状態に陥りました。経済封鎖をかけられたドイツは、戦争の長期化が自陣営の不利益に働くことを意識して、毒ガスの使用、空爆、民間船舶への攻撃などを仕掛けましたが、無制限潜水艦作戦の実施はアメリカ合衆国の参戦を招き、ドイツの命運を決することになりました。戦争が政治の継続であることが見失われていたのでしょう。

2 ヘルムート・フォン・モルトケ

ヘルムート・フォン・モルトケは貴族の家系に生まれましたが、家庭はさして裕福ではありませんでした。デンマークの幼年学校で少年時代を過ごした彼は、その後、ギボンの『ローマ帝国衰亡史』を翻訳し、その印税を生活費や軍務に要する費用にあてていました。

前述したように、彼は当時のさまざまな技術の進展を戦略に応用することに長けていました。同時に、彼はクラウゼヴィッツの教訓をわきまえて、戦争は政治の継続であることを旨とした参謀総長でした。もっとも彼は、ビスマルクが戦争を通じては実現不可能な政治目標を設定しがちであることに不平をもらしています。政治的配慮を考慮すべきなのは、それが軍事的に不適切ないし不可能な要求をしない限りにおいてだと彼は述べています。彼が参謀本部を設定したのは、いったん戦闘が開始した後、政治部門からの不用意な指示によって戦争遂行が阻害されるのを防ぐためです。彼にとって軍事的勝利とは、利用可能な手段によって到達可能な最も高度な政治目標の達成です。それは領土や都市の獲得によってではなく、敵の戦闘能力の破壊によって達成可能です。

他方、彼は計画をさほど重視しません。敵との「最初の接触後も生き残る計画はない」と彼は言います。マイク・タイソンも「誰もが口に一発食らうまでは計画を持っているものだ」と言っていますが。モルトケは指揮官たちに、戦争は机上で行われるものではないと諭し、現場の状況に応じた戦闘を可能とするべく権限を委譲することをためらいませんでした。

彼にとって戦略とは、その場その場で行われる、とらわれのない実際的な技術です。常識が大切です。抽象的一般的な教理や法則に意味はありません。プロイセンが置かれた当時の国際状況からして、決定的な勝利を迅速に獲得する必要がありました。長引く戦争は他国の介入を招くリスクがあります。

彼が戦場で採った手法が、戦略的攻囲と言われる、敵陣の動きに先んじてそれを同心円状に包囲して殲滅するものであったことは、第1節で説明しました。この戦略の斬新な点は、それまでの、分かれて行軍し集結して攻撃するという戦略とは逆に、自軍を分割して相手を包囲することです。この戦略には、各軍団が個別に撃破されるリスクがついて回ります。包囲が早すぎたり、あるいは遅すぎたりすれば、致命的な結果を招くおそれがあります。ケーニヒグレーツの戦いでは、オーストリア軍が抜け目なく果断に行動していれば、二手に分かれたプロイセン軍は、各個撃破されていたかも知れません。

対仏戦争ではモルトケは、全軍を三分割し、より柔軟に対応できるよう準備しました。戦闘は必ずしも計画通りには進みませんでしたが、フランス軍の犯した誤りや旧式の戦略のせいもあって、プロイセン軍は完璧と言ってよい成果を挙げました。

戦闘が開始された以上は、戦争遂行は政治から独立しているべきだ、そうであってこそ政治目的を効果的に実現できると考えたモルトケは、パリ陥落後、南フランスへ進攻してフランスを叩きのめすべきだと考えていました。ビスマルクの指導する政治の判断はそれを許しませんでしたが。

3　憲法典の間隙を突いたビスマルクの政治闘争

普仏戦争終結までのプロイセンは、対外関係では連戦連勝で、スペイン王位継承問題をめぐって世論を掻き立て、対仏開戦へと誘導したビスマルクの策略も含め——彼は、フランス大使へのヴィルヘルム1世の対応がごくそっけないものであったかのように、ヴィルヘルムから彼への電報を書き換え、しかもそれをリークして、意図的にフランス世論の怒りを買いました——成功に次ぐ成功であったかのように見えます。

しかし、プロイセン国内では、ビスマルクは困難に直面していました。前述したように、モルトケの編み出した戦法は大量の兵員を必要とします。1860年、ヴィルヘルム1世の政府は、プロイセンの軍制改革に取り組み始めます。兵役期間を2年から3年へと延長し、各地の民兵を予備役へと改編することがその狙いです。民兵は議会下院で多数派を占めるリベラル勢力の力の源泉であり、市民の自由を守るべき存在でしたから、下院はこれに抵抗し、政府の提出した予算案を繰り返し否決して対抗します。プロイセン憲法争議と呼ばれる事件です。

1862年に政府と下院の対立は激化し、下院は政府の提出した予算案を組み換えた独自の予算案を可決しました。国王は対抗して下院を解散しましたが、総選挙で選ばれた新たな下院でリベラル派の議席はさらに増加しました。プロイセン憲法によれば、予算は上下両院で可決されない限り成立しません。下院多数派は、憲法が定める通りの統治を要求して、政府が譲歩すべきだと主張しました。一時は退位も考えたヴィルヘルムはしかし譲らず、新たに駐フランス大使であったビスマルクを宰相の地位に据えました。1862年9月のことです。

ビスマルクは就任演説で、「現下の重大問題は、演説と多数決で決定されはしない。それが1848年と1849年の誤りだ。決定は、鉄と血によってなされる」と言ってのけます。もっとも、気の利いた警句で問題が解決されるわけでもありません。膠着状態は続きます。

ビスマルクが言いたかったことは、下院の同意がなくとも、つまり予算が成立しなくとも、国家の生存を維持するために政府は租税を徴収し、支出をすることができるのだということでした。それを支えるために用意されたのが、「憲法典の欠缺《けんけつ》」という議論です。

プロイセン憲法によれば、予算は、国王を代表する政府の提出した予算案を上下両院が可決することで成立します。成立しない場合はどうなるかですが、憲法典はそうした事態を想定しておらず、そうした場合にどうすべきかについては、何も述べていません。憲法典だけを頼りにしたのでは、この事態は解決できないわけです。憲法典が頼りにならない以上、憲法によっては解決できないというのが、一つの回答(?)です。ゲアハルト・アンシュッツという ドイツの公法学者は、「ここにあるのは、憲法典の欠缺というよりは、いかなる概念操作によっても埋めることのできない法の欠缺である。ここに憲法は止まる

（Das Staatsrecht hört hier auf）」と述べました。それは法律問題ではない。後は政治の問題だというわけです。

しかし、憲法典に穴があるとしても、憲法に穴があるとは限りません。法に基づいて条文ができるのであってその逆ではないのではないでしょうか。プロイセン憲法は、先行するバイエルンやヴュルテンベルクの憲法、さらには後に続く大日本帝国憲法と同じく、君主制原理（monarchisches Prinzip）に基づいていました。国の統治権は元来、君主がすべてを掌握しているが、統治権を実際に行使するにあたっては、君主自身が定めた欽定憲法の条項に従って、これを行使するという考え方です。「天皇は国の元首にして統治権を総攬し此の憲法の条規に依り之を行ふ」とする大日本帝国憲法第４条は、この考え方を典型的に示しています。ナポレオンが退場した後のウィーン体制は、各国の君主制原理の維持を目的とする国際体制です。

国の統治権は元来、君主がすべて掌握しているものであり、欽定憲法がその行使を制約しているだけだとすると、憲法典が想定していない事態が発生したとき、どうすべきかを判断し決定する権限は、元来すべての統治権を掌握している君主に属しているはずです。憲法典を読んだだけでは帰属の判明しない権限は、君主に帰属するという推定（praesumptio pro rege）が働くことになります。

プロイセン憲法についても、憲法典がそもそも想定していない緊急事態が生じたときは、元来の統治権の掌握者である君主がこの事態を解決する権限を持つはずだ、というのが、君主制原理と憲法典の欠缺とを掛け合わせると、自然に導かれる結論になります。ビスマルクが依拠しようとしたのは、こうした論理の筋道でした。

ところで、議会の正式の承認なしに歳入・歳出を行い、軍備を増強したプロイセンは、参謀総長であったモルトケの作戦が功を奏して、対デンマーク戦争（1864年）に続いて対オーストリア戦争にも勝利します。オーストリアに対する戦勝を決定づけたケーニヒグレーツの戦いと同じ日（1866年7月3日）に行われた下院選挙で、リベラル派は惨敗しました。

それまでビスマルクを支持してきた保守派は、一気に畳みかけて憲法を改正し、議会の権限を縮小して政府の権限を確立すべきだと主張しましたが、新たに召集された議会でビスマルクが採ったのは、政府の免責法案を提出するという手段でした。下院は、予算不成立のままなされた1862年から66年までの歳出額について、大臣が弁償すべきだとの態度をとっていました。免責法案は、事後的に政府の歳出を合法化し、大臣の責任を免除するという内容のものです。リベラル派の主流はこの提案を受け入れ、免責法案を可決しました。

あくまで君主制原理にこだわるのであれば、議会の免責は不要のはずです（ヴィルヘルムはそう主張しました）。しかしビスマルクとしても、今後のプロイセン、さらには統一ドイツの国政を執るにあたって、議会の主要勢力であるリベラル派と対決しつつ、憲法上の対立が解けない膠着状態が続くことは避けなければなりません。彼をこれまで支えてきた大土地保有者を基盤とする保守派は、今後は衰退していくはずの勢力です。また、リベラル派としても、ビスマルクが実際に執ってきた政策、つまりオーストリアを除外したドイツの統一と産業振興は、自分たちの年来の主張に沿うものでした。

この結果、リベラル派は免責法案に賛成する勢力と反対する勢力とに分裂しました。免責法案に賛成したリベラル右派勢力は、その後、ビスマルクを確固として支持する勢力となりました。形の上では、ビスマルクは非を認め、議会の免責を求めたわけですが、その結果、実際に生じたのは、ビスマルクの望むような議会の勢力配置が構成されたことだったわけです。ビスマルクは、国内政治でも結局、勝利をおさめました。

ただし同時に、君主制原理はプロイセンおよび統一ドイツの国制を支える基本原理として、生き続けることになります。君主制原理に基づくドイツ型立憲制と、議会に依拠して統治を行うイギリス＝ベルギー型立憲制との根底的な憲法原理の対立は、約50年後に第一次世界大戦として爆発しました。日本の君主制原理（天皇主権原理と呼ばれます）が除去されるには、第二次世界大戦を要しました。この問題については、第7章2で立ち返って考えます。

4 「免責」という考え方が日本に与えた影響

ところで、ビスマルクが議会に求めた歳出の「免責」という考え方は、ドイツのパウル・ラーバントという学者によって理論化され、日本の公法学にも影響を与えています。ラーバントによると、議会が予算を議決するときに行っているのは、政府による歳出を事前に免責することです。つまり、政府が提出し、議会が議決した通りの歳出をすることについては、もはや政府は議会によって責任を問われることはない、ということを意味します。裏返して言うと、たとえ議会が政府の提出した予算案を可決しなかったとしても、政府には独自の責任で歳出を行う権限があります。議会が事後的に免責の議決をしたとき、はじめて政府の責任は解除されます。

こうした考え方は、大日本帝国憲法に関する美濃部達吉の教科書『憲法撮要』（〔改訂第5版〕〔有斐閣、1932〕596頁）に受け継がれています。現在の憲法の教科書類では、予算行政説と呼ばれている考え方です。もっとも、大日本帝国憲法では、帝国議会が予算の議決をせず、予算が成立しなかった場合には、政府は前年度の予算を施行することができるという規定がありましたから（71条）、ビスマルクのようなあからさまなやり方をとる必要は制度上もなかったと言えます。

＊モルトケの戦略とそれがもたらした国家体制の根本的変容については、Philip Bobbitt, *The Shield of Achilles*, chapter 8が詳しく論じています。前章で紹介した石原莞爾『戦争史大観』は、モルトケの戦略についても論じています。ラーバントの予算論については、宮沢俊義「ドイツ型予算理論の一側面」（同『憲法の原理』岩波書店、1967所収）が、君主制原理の意義と日本におけるその受容については、拙者『憲法の論理』（有斐閣、2017）14章が説明しています。

第5章 核戦争寸前だったヨーム・キップール戦争
――第二次世界大戦以降で最大の戦車戦

1 戦車の登場による大変化

後に第5共和政フランスの初代大統領となったシャルル・ドゴールは、国防高等評議会に勤務していた1934年に『プロの軍隊へ *Vers l'armée de métier*』という著書を刊行しています。

この本で彼が主張したのは、一般市民から徴募された大量の歩兵を指揮・統率するモルトケ流の戦争遂行は、戦車の発明により終わりを告げたということです。戦車は歩兵部隊の支援手段にすぎないものではありません。むしろ、大量の戦車を中心とする機甲師団が軍事行動の中心となるべきです。そして、徴兵された部隊とならんで、機甲師団を動かす専門職の軍隊が必要となります。この著書は、フランスが第二次大戦の緒戦でドイツに降伏し、フランスを脱出したドゴールがロンドンを拠点とする抵抗運動を組織したとき、『未来の軍隊 *The Army of the Future*』として英訳・刊行されました。表紙の宣伝文句には、「1934年の予言！ フランスはそれを無視し、ドイツはそれを実行した」とあります。

同様の指摘は、戦争学の大家であるベイジル・リデル・ハートやJ．F．C．フラーによって1933年に刊行された著書により、すでになされています。一般市民から徴兵される部隊がただちに不要となるわけではないものの、戦車や爆撃機や潜水艦等の登場によって戦争遂行の様相が一変するであろうという見方が、広がりつつあったことが分かります。戦争は、壊滅的な破壊力を持つ複雑な兵器を取り扱う専門的な戦闘員、開発競争にしのぎを削る技術者集団、そして戦闘現場からはるか遠方で指揮をとる指揮官とその参謀たちによって遂行されることになります。

冷戦下の米ソ代理戦争の典型であったヨーム・キップール戦争での戦車戦は、第二次大戦以降でもっとも苛烈なものでした。あまり知られていないことですが、この中東の国同士の戦いは、米ソの核戦争の一触即発の危機をもたらしました。

2　イスラエルが苦戦した諸要因

旧約聖書の『レビ記』には、贖罪の日（ヨーム・キップール）に関する記述があります。それはユダヤ人にとって、一年のうちでもっとも神聖な日です。

第7の月、その月の10日に、あなたたちは苦行をしなければならない。あなたたちは、どんな仕事もしてはならない。土着の者も、あなたたちの只中に寄留する異国人も同様である。なぜなら、この日には、あなたたちのすべての罪からあなたたちを浄める、あなたたちのための贖いが行われるからである。それは安息日の中の安息日である（Robert Atler trans and ed, *The Hebrew Bible*, vol I（W.W. Norton and Company 2019）423-24［16: 29-31］）。

1973年のヨーム・キップールは、10月6日土曜日でした。この日の午後、イスラエルはシリアとエジプトにより、南北から奇襲を受けました。第四次中東戦争の始まりです。イスラエルのメイア首相は事前に、ヨルダンのフセイン国王から警告を受けていましたが、イスラエルの軍と政府はそれをまともに受け止めませんでした。

イスラエルは、それまでの数次にわたる武力衝突において圧倒的な優位に立ち、1967年の第三次中東戦争後は、ゴラン高原、ヨルダン川西岸およびスエズ運河にまで及ぶシナイ半島の全域を実効支配下に置いていました。アラブ側が再び攻撃をしかければ、それは自殺行為だと一般には受け取られていました。しかし、ヨーム・キップール戦争の緒戦でイスラエルは手痛い損害を被ります。そうなったことについては、イスラエルが相手の戦闘能力および意欲を見くびって油断していたことに加えて、いくつかの要因があります。

第一に、イスラエルの防衛線は本国から遠く、敵国に近い地点に引かれていました。スエズ運河沿いに構築された長い防衛ラインがその典型です。敵の大規模な急襲を受けたとき、遠方に引かれた長い防御ラインを持ちこたえることには、無理がありました。運河は自然な防衛線のように見えて、実はそうではなかったわけです。もっとも、防衛が困難と見通していたイスラエル軍は、多くの人員を防衛ラインに配置してはいませんでした。

第二に、ソ連が供与した地対空ミサイル（SAM）のため、イスラエルが優勢な空軍力を活用する余地が狭められました。イスラエル空軍は低空でミサイルに近づき、急上昇した後ミサイルを破壊する作戦（Tager）を準備していましたが、緒戦において上層部の不可思議な判断により、エジプト戦線でこの作戦が実行されず、そのためイスラエル全軍が苦戦を強いられた面があります。また可動式のミサイルは、そもそも位置の特定が困難でした。

第三に、ソ連が供与した対戦車兵器があります。一つはRPG－7と呼ばれる対戦車擲《てき》弾《だん》発射器で、もう一つはサッガー（Sagger）と呼ばれる、遠隔操作の誘導型対戦車ミサイルです。イスラエルは、ヨーロッパの戦場と違って見通しがよく歩兵の隠れる草木のない砂漠で、戦車のみによる戦闘行動（the totality of the tank）をとっていました。アラブ側の戦車はイスラエル軍のセンチュリオン戦車の敵ではありませんでしたが、自軍の歩兵の援護がない裸の状態の戦車は、ソ連製の対戦車兵器の恰好の餌食となりました。結局のところ、戦車で構成される機甲部隊は、迅速に行動する歩兵の密接な協力と制空権の確保があって、はじめて確実に戦果を挙げることができます。

戦況が最悪であった10月9日には、イスラエル軍内部に核兵器の使用を提案する者さえいたと言われています（イスラエルが核兵器を保有していることは公然の秘密です）。

それでもイスラエル軍は徐々に形勢を逆転します。北方では、ゴラン高原での多勢に無勢の戦車戦を制してダマスカスへの進軍経路を確保し、南方では、スエズ運河に仮設の架橋をして部隊の渡河を敢行し、対岸の地対空ミサイル群を破壊するとともに、運河の西側の広大な地域を占領し、シナイ半島へ渡ったエジプト第3軍の包囲を進めました。軍の、そして政府の崩壊を恐れたエジプトのサダト大統領は、10月19日、ソ連に停戦の仲介を依頼します。

3　キッシンジャーの対ソ交渉

ソ連は直ちに動きました。ワシントン駐在のドブルイニン大使はヘンリー・キッシンジャー国務長官に電話し、可能であればキッシンジャーを10月20日中にモスクワに派遣してもらいたいとの、ブレジネフからニクソン大統領宛てのメッセージを伝えました。アラブ諸国は石油の生産・輸出制限を宣言しており、パニックに陥った世界各国は速やかな停戦を望んでいました。停戦の成立はアメリカの利益にもなりますが、イスラエルはアメリカの保護下にあるクライエント国ですから、時間を置いて、イスラエルの優勢が明確となった状況で停戦が成立することが望ましいと言えます。かと言って、エジプトやシリアの面目を丸潰れにすれば、超大国ソ連の恨みを買うことになります。キッシンジャーにとっては、繊細な計算が必要となります。

キッシンジャーはドブルイニンに返事の電話をし、翌日（20日）朝にワシントンを発つと知らせます。そうすれば、20日の夕刻にモスクワに到着します。キッシンジャーは駐米イスラエル大使のディニッツに、戦闘状況を1日に3度連絡するように要請します。ただ、イスラエル政府は戦闘がイスラエルの優位に進んでいることをありのままには伝えていませんでした。19日の時点でイスラエル軍がスエズ運河とカイロとの中間地点に達していたことは伝えていたようですが。

他方、ソ連軍は偵察衛星を通じて戦況を把握しており、このままイスラエル軍が進攻すれば、エジプトは軍政ともに崩壊するとの警告をクレムリンに届けていました。北方ではシリア・イラク・ヨルダンの連合軍が反攻を計画していましたが、ソ連軍はこの計画は失敗するとの見通しを立てていました。

20日夕刻にモスクワに着いたキッシンジャーは、ブレジネフとの夕食会を終わり、就寝前にワシントンの状況について報告を受けます。時はウォーターゲート事件の最中で、追い詰められたニクソンは特別検察官のアーチボールド・コックスを解任し、それに反発した司法長官が辞任するという劇的な段階に突入していました。ニクソンの弾劾に向けたプロセスが開始します。キッシンジャーは大統領が機能しない中で、アメリカ外交の舵取りをすることになります。

21日正午から交渉が始まります。キッシンジャーはブレジネフの譲歩姿勢に驚きます。ソ連はキッシンジャーの要求をすべて――当事国同士の交渉の要請を含めて――飲みました。1948年のイスラエル建国以来、アラブ諸国はイスラエルとの直接交渉を拒否していました。サダト大統領はソ連に、それほどまでにエジプトは危機的状態にあると訴えていたわけです。アメリカもソ連も、それぞれのクライエント国に戦争中も武器の援助をしていました。イスラエルの反攻攻勢は、アメリカの武器の性能が上回っていたことを世界中に示すことになります。

しかし、あまりに早い停戦は、イスラエルの進軍の余地を抑えることになります。そこで、キッシンジャーは、それぞれのクライエント国の意向を探るため国連安全保障理事会に提議するまで、9時間の猶予を見ようと提案します。ブレジネフはしぶしぶ承諾しました。

イスラエルで10月22日の朝が明けようとするとき、安全保障理事会は、同日午後6時52分（決議から12時間後）に発効する停戦を決議しました。

キッシンジャーはモスクワを発ち、同日の午後早くにテルアヴィヴに到着します。彼はメイア首相に、停戦時刻を過ぎて夜のうちにイスラエルの進攻がただちに停止しないとしても、アメリカは目くじら（violent protests）は立てないと告げます。彼はこれを後悔することになりますが。

停戦時刻直前、サダト大統領は、2発のスカッドミサイルを発射させました。エジプトに反撃能力が残っていることを示すためです。このために、7名のイスラエル兵が死亡しています。

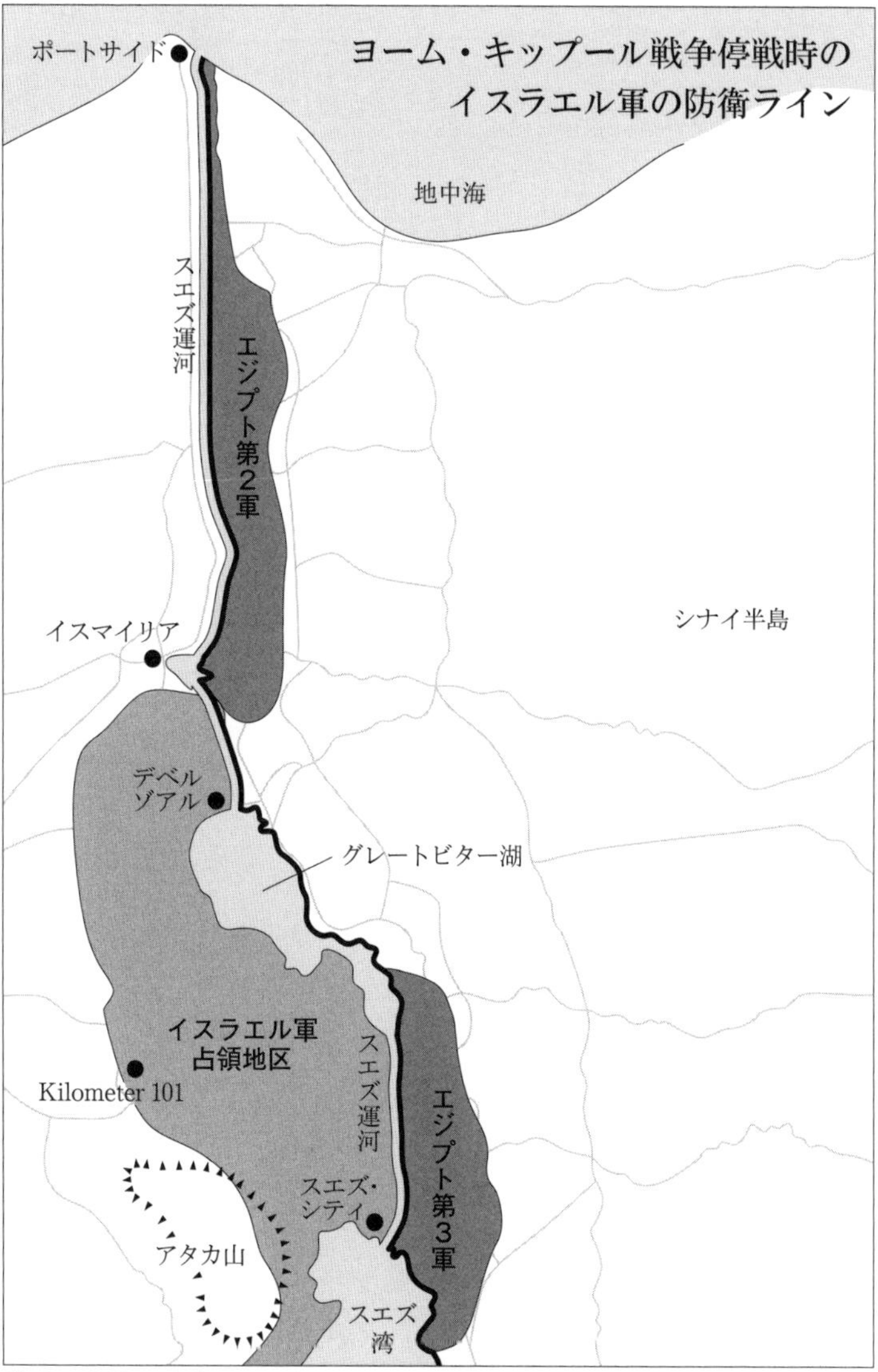

Abraham Rabinovich, *The Yom Kippur War: The Epic Encounter that Transformed the Middle East* (Schocken Books 2004) より作成

停戦時刻を過ぎても両軍の戦闘は各地で継続します。エジプト側は進攻したイスラエル戦車をRPG－7で攻撃し、奪われた領域を取り返そうとします。ダヤン国防相は、23日午前8時、イスラエル軍の全面的反撃を許可しました。結果としてエジプト第3軍は完全に包囲され、補給路を断たれました。

北方では、シリアが同盟国とともに反撃する準備をしていました。エジプトの停戦決議受諾は、シリアを拘束はしません。しかし、シリアが攻撃を仕掛ければ、イスラエルはエジプト第3軍を壊滅させるでしょう。その後にイスラエルが全軍をもってシリアを攻撃したとき、エジプトはもはやシリアを助けようとはしないはずです。シリアのハーフィズ・アサド大統領はリスクが便益を上回ると判断し、反撃をあきらめました。

4　一触即発の核戦争の危機

キッシンジャーは23日早朝にワシントンに戻り、午前9時30分頃に出勤して、停戦合意がこわれかけていることに気づきます。ブレジネフは、イスラエル軍がスエズ運河沿いに南下し、エジプト第3軍の補給基地であるスエズ・シティに迫りつつあることは受け入れられない、明白なペテンだと主張しました。キッシンジャーはブレジネフとサダトに、アメリカは停戦を支持すると言います。23日午後4時、安全保障理事会が招集され、翌24日午前7時に発効する新たな停戦と停戦監視団の派遣を決議しました。

24日午後、ブレジネフは戦争はもう終わりと考え、翌25日に開会する世界平和会議を心待ちにしていましたが、駐エジプト大使から、イスラエルが停戦を遵守せず、エジプト第3軍は完全に包囲され、さらにカイロに進軍するリスクがあるとの連絡を受けます。サダトはソ連に停戦監視団の派遣を要請しますが、大規模な部隊をアメリカのクライエント国との武力衝突のリスクにさらすことには、ソ連としては慎重にならざるを得ません。ソ連のクリコフ参謀総長は、大規模な部隊を組織してエジプトへと発たせたときには、カイロはもはや陥落しているだろうとの予測を述べます。

それでもサダトを助けるためには何かが必要です。クレムリンは、ソ連単独でも部隊を派遣するとアメリカに警告することにしました。ニクソン宛ての書簡には、「あなたがこの問題でわれわれと協調することができないのであれば、われわれとしては、適切と思われる措置を単独でとらざるを得ない。われわれはイスラエルの専断を許すわけにはいかない」としるされていました。しかも書簡は、「明確にして即刻の返答」を要請していました。

キッシンジャーはイスラエル政府に直ちに戦闘行為を停止するよう強く働きかける一方、サダトには、米ソ共同の停戦監視団派遣要請は受け入れられないと応えます。24日午後9

時35分、キッシンジャーにドブルイニン大使から電話があり、ブレジネフからニクソンに宛てた書簡が読み上げられます。ソ連の単独行動の警告を受けて、キッシンジャーは、深刻な危機が迫っていると感じました。一旦ソ連軍が中東に派遣されれば、彼らを排除することは不可能となります。ソ連はチキンゲームを演じようとしています。

ニクソンの様子は相変わらずです。キッシンジャーへの電話でニクソンは興奮して、政敵は自分を弾劾して辞職させるだけでなく、生物学的に殺害しようとしていると言います。ブレジネフからの書簡が口頭で伝えられた時点で、ニクソンは飲めない酒を無理に飲んですでに就寝しており、ヘイグ首席補佐官は、彼を起こすわけにはいかないとキッシンジャーに告げます。ニクソンはもはや、重大決定をなし得る状態ではありませんでした。判断ができるのはキッシンジャーです。

キッシンジャーは、国防長官、CIA長官、統合参謀本部議長、大統領補佐官らを招集して、午後10時40分から国家安全保障会議の特別チーム会合を開きました。会合は翌日午前2時まで続きます。CIAは、エジプトへソ連製武器を輸送する航空機が、その日の早朝、出発を遅らせたと報告します。空挺部隊を乗り込ませるためである可能性があります。また、地中海のソ連海軍の活動は今までになく増強されています。

会議はブレジネフに宛てて、穏やかな調子の返答を送ることにします。その一方で、軍の警戒体制をDefcon（Defence Condition）4からDefcon 3に引き上げることにしました。平時における最大級の警戒体制です。引き上げは午後11時41分に発令されました。当然このことは、ソ連も気づくはずです。

ソ連の動きに対応するため、25日午前0時20分、第82空挺師団に待機を命令し、5分後には、大西洋の空母ジョン・F・ケネディを中核とする機動艦隊に東地中海に入るよう命令します。3時30分には、グァムの核兵器搭載可能なB－52に米本土に戻るよう命令が出されます。大陸間弾道ミサイルの発射も準備されました。

駐米イスラエル大使のディニッツは、キッシンジャーからの質問をイスラエル政府に伝えます。ソ連が中東紛争に介入するとすれば、2日以内に4500人からなる部隊をカイロに送ることができる。カイロに着いて1～2日のうちには、前線に到着するだろう。それまでにイスラエルはエジプト第3軍を壊滅できるか、という質問でした。イスラエル軍は可能だと返答します。

ブレジネフ宛てのメッセージがワシントンのソ連大使館に届いたのは25日の午前5時40分でした。アメリカはソ連の単独行動を容認しないとは言っていましたが、論調は穏やかなものでした。

朝のクレムリンの会議では、ブレジネフがアメリカ軍の動きに驚きを示していました。

彼は、自分が送った書簡のせいだとは思わなかったのです。クレムリンの誰も、アメリカを相手に軍事行動をとるべき根拠（casus belli）があるとは考えませんでした。部隊をエジプトに送ることには誰も賛成しません。しかもこの日は、世界平和会議が開催されることになっていました。

「サダトに軍事行動はとるなと言っただろうと言って聞かせなければ。エジプトには同情するが、事態を元に戻すことはできない」とブレジネフ。「軍事行動をとらないよう、われわれは努めたのに、彼らは言うことを聞かなかった」とKGB議長のアンドロポフ。

会議中にニクソン名でのブレジネフ宛て書簡が届きます。穏やかな論調は、クレムリンの考えにも響きました。中東の平和のために米ソが協力すること、「それこそがわれわれがすべきことだ」とブレジネフ。ソ連の単独行動を容認しないとの文言には怒りが向けられましたが、ブレジネフは、アメリカ軍のDefcon 3に対応する措置はとらないことにしようと決めます。やはり穏やかな論調の返書が整えられました。ブレジネフがアメリカに望んでいたのは、対決することではなく、イスラエルに戦闘行動をやめるよう要求することだったのですから。

核戦争の危機は後退しましたが、エジプト第3軍の危機は続いていました。キッシンジャーは10月26日の午前11時、第3軍への糧食の補給をイスラエルが認めない限り、10月22

日時点のラインまでイスラエル軍が後退せよとの国連の要求を支持せざるを得ないと告げます。「小国が世界戦争を引き起こすことは認められない」。しかし、2箇月後に総選挙を控えるメイア首相も簡単には譲歩できません。

イスラエルの回答期限である10月27日の午前8時が迫りましたが、期限の4時間前、エジプトは、停戦の完全実施と第3軍への糧食の補給を条件に、イスラエルが要求する直接交渉を受けるとの声明を発表します。キッシンジャーはこのとき、ディニッツ大使に、「君は奇蹟の国の大使だ」と語ったとのことです。10月28日午後1時30分、カイロとスエズ・シティを結ぶ道路の、イスラエル占領地区の西端 Kilometer 101 で、両軍の代表は握手を交わしました。かつてなかったことです。

ヨーム・キップール戦争は、こうして終結に向かいます。キッシンジャーはダマスカスに飛んで、シリアとイスラエルとの停戦を仲介します。

19日間のヨーム・キップール戦争によるイスラエル側の死者は2656人、負傷者は7250人、西側の分析ではアラブ側の死者は8528人、負傷者は1万9540人とされます。イスラエルでは最高裁判所長官を委員長とする調査委員会が設置され、開戦に至る経緯が調査されました。委員会の報告書の結論に従って、参謀総長と情報機関の長は解任されました。メイア首相とダヤン国防相は、責任を問われませんでしたが、メイア首相は報告書の公表1週間後、辞任しました。内閣も総辞職することになります。

5　長距離化する戦車戦

冒頭でも述べた通り、ヨーム・キップール戦争での戦車戦は、第二次世界大戦以降でもっとも激しいものでした。ゴラン高原での戦車戦だけでなく、シナイ半島での戦車戦も、重要な意味を持っています。

緒戦でスエズ運河東岸に橋頭堡を築いたエジプト軍は、その後、地対空ミサイルによる防御範囲を超えてシナイ半島中央部に向けて進撃しましたが、イスラエル空軍と戦車部隊の攻撃で壊滅的損害を被ります。そのために生まれたエジプト第2軍と第3軍の間隙にイスラエル軍が進出し、スエズ運河の渡河作戦が敢行されました。

開戦後の1週間でイスラエル・アラブ双方が失った戦車の数は、ヨーロッパに駐留するアメリカ軍の戦車の数を上回っています。第二次大戦では、戦車は平均して700メートル弱の距離で戦っていましたが、ヨーム・キップール戦争では、2000～3000メートルの距離で戦いました。武器の射程と威力はすさまじく、サッガーやRPG－7のために、死傷者も多く出ました。アメリカ軍の調査チームは、今後の戦車戦では、長距離からの先制攻撃が鍵になると結論づけています。

ヨーム・キップール戦争は、イスラエルとアラブ諸国の対立関係に転機をもたらしました。エジプトは気概を回復し、イスラエルには高慢さのリスクを教訓として残しました。1978年のキャンプ・デイヴィッド会談は、この戦争の経験なくしては、なかったでしょう。

＊本章の記述は、Abraham Rabinovich, *The Yom Kippur War: The Epic Encounter that Transformed the Middle East* (Schocken Books 2004) およびAlistair Horne, *Kissinger's Year: 1973* (Weidenfeld and Nicolson 2009) に多くを負っています。後者は、1973年に関するキッシンジャーの公的な伝記（本人の承認の下に刊行された伝記）と言い得るものです。

第6章 フォークランド紛争
――イギリスに薄氷の勝利をもたらした交戦規則の改定

1 冷戦の終結への貢献

ヨーム・キップール戦争が終結した後の1982年6月、レバノン戦争で、地対空ミサイルとイスラエル軍の対決が再現しました。シリア軍はレバノンのベッカ渓谷に、ヨーム・キップール戦争当時以上に強力な地対空ミサイルシステムを備えました。イスラエル空軍は、偵察機とドローンを使ってミサイルとその防衛システムの映像を入手した後、停止中のミサイルのレーダー装置を起動させる信号を送ります。地上および航空機から発射されたミサイルが、起動したレーダー装置にロックオンされ、レーダー装置を破壊しました。その後、イスラエル空軍がミサイル本体を爆撃・破壊しました。

ベッカ渓谷での地対空ミサイルシステムの破壊は、ソ連軍上層部に激しい動揺を与えました。ソ連は西側の空軍による攻撃を地対空ミサイルを楯に防ごうとしていたからです。ベッカ渓谷で示された地対空ミサイルの脆弱性は、ソ連が西側との融和に向かって動く一つの要因となったと言われています。

ところで、イギリスとアルゼンチンとの間に、同じ1982年に発生したフォークランド紛争も、冷戦が西側の勝利で終わったことに貢献したとの見方があります。紛争終結後、あるソヴィエトの将軍はマーガレット・サッチャー首相に、「われわれはイギリスがフォークランド諸島のために戦うはずはないし、戦ったとしても負けると確信していた。あなた方はいずれについてもわれわれが誤っていたことを証明したし、それをわれわれは忘れない」と述べたとのことです。

レーガン政権の海軍長官であったジョン・リーマンは次のように言っています。

南大西洋でのイギリスの行動は、ソ連の意思を挫くにあたって大きく貢献した。フォークランド紛争前、モスクワはヨーロッパを張り子の虎とみなし、ヨーロッパ人には戦う意思も肚《はら》もないと考えていた。彼らの戦略は、それを前提として構築されていた……マーガレット・サッチャーがフォークランド諸島のために戦う決断を下したことは、ソ連指導層に衝撃を与えた。西欧に関する彼らの信念は揺るがされ、NATO軍を真剣に受け止めざるを得なくなった。

しかし、イギリスの勝利は実は薄氷のものでした。

2 フォークランド諸島＝マルヴィナス諸島

フォークランド諸島の名前は、1690年に上陸したジョン・ストロング艦長が、両島を分ける海峡を、当時の海軍大臣の名前にちなんでフォークランド海峡と名付けたことに由来します。1698年以降、アザラシ猟を行うフランス人が頻繁に島を訪れ、彼らの母港であるサン・マロ（Saint-Malo）にちなんでマルイーヌ諸島と呼びました。アルゼンチンによるマルヴィナス諸島という呼び名は、これに由来しています。1764年には、東島のポート・ルイスにフランス人の居住地が設営されています。

1765年、イギリス政府から派遣されたジョン・バイロン艦長が、フォークランド諸島がイギリス王ジョージ3世領であることを宣言しました。

1767年にスペイン政府は、同諸島がスペインのリオ・デ・ラ・プラタ副王領に帰属すると主張してフランス政府と交渉に入り、フランス政府は金銭の支払いと引き換えにスペイン政府の主張を受け入れました。その後、スペインとイギリスの間での支配権争いや、スペインから独立したアルゼンチンによる実効支配の試みがありましたが、1833年にイギリスの軍艦クレイオで来島したジョン・オンスロウ艦長とその部下が島からアルゼンチン人を追い出し、それ以降、スタンリーを拠点とするイギリスの実効支配が継続してきました。アルゼンチンは、イギリスの支配を違法・不当なものとし、イギリスの支配権を認めていません。

1930年から1976年までの間に、アルゼンチンでは7度の軍事クーデタが起きています。1982年は1976年にペロン大統領を追放した軍事クーデタが起こってから6年後で、陸軍総司令官であったガルティエリが1981年末に大統領となっていました。当時のアルゼンチンではGDPが落ち込み、賃金は下がり、失業者数が増加し、年率100%を超えるインフレの最中にありました。軍事政権は暴力的な抑圧で治安を維持していましたが、国民の不満は高まっていました。政権には世論の目をそらすものが必要でした。国民が一致し得るものがあるとすれば、約150年前にイギリスから力ずくで奪われ、「不法占拠」が続いていたマルヴィナスだったわけです。

おりしも巨額の財政赤字に苦しみ、コスト・カットに懸命なサッチャー内閣は、砕氷巡視船エンデュアランスの退役を決定しました。イギリスはフォークランドを維持する気力を失っている——アルゼンチン政府はそう受け取りました。

3　交戦規則の改定から巡洋艦ベルグラーノ撃沈へ

アルゼンチン軍は4月2日にフォークランド諸島に上陸し、占領しました。国連安全保障理事会決議502は、敵対行動の即時停止とフォークランド諸島からのアルゼンチン軍の即時撤退を求めましたが、当然のことながら、アルゼンチン政府はこの決議を無視します。

紛争発生前、イギリス政府内部では、フォークランド諸島が占領されれば奪還は不可能という見方が、国防省を含めて支配的でした。しかし、「われわれには奪還可能だし、奪還すべきです」というヘンリー・リーチ海軍軍令部長の進言を受けて、サッチャー首相は機動艦隊の派遣を決断します（以下、時刻表示はイギリス軍が使用したグリニッジ〔Zulu〕標準時により、たとえば10時40分は、1040Z時と表記します。ブエノスアイレスとの時差は＋3時間、サマータイム期間中の当時のロンドンとも－1時間の時差があります。フォークランド現地の夜明けは1030Z時頃、日没は2015Z時頃です）。

首相を含めた関係閣僚会議（the War Cabinet）は、フォークランド諸島を中心とする半径200マイルの進入禁止海域（maritime exclusion zone）を設定し、同海域内で確認されたアルゼンチンの軍艦・補助艦船は、イギリス軍による攻撃対象となる旨を宣言しました。実施にあたるのは、分担する海域を指定された3隻の原子力潜水艦です。

関係閣僚会議はさらに、潜水艦の交戦規則（rules of engagement）を策定します。進入禁止海域内で、アルゼンチンの軍艦、潜水艦および補助艦船であることが確認された艦船は攻撃することができます。そして、自艦が攻撃されたときは、進入禁止海域の内外に関わりなく必要な限度で自衛措置をとることが認められます。交戦規則は国際法、国内法の範囲内で、国際政治上のインパクトをも考慮した上で策定されました。

この交戦規則は、その後何度か改定されます。まず、アルゼンチンの空母「5月25日 Veinticinco de Mayo」（かつての英空母ヴェネラブル）は、進入禁止海域外の公海上からも、イギリスの機動艦隊に深刻な打撃を加える能力を備えていました。この空母を攻撃する適性が最も高いのは、原子力潜水艦です。魚雷が命中しても空母乗組員の多くは脱出する暇があるし、周囲の護衛の艦船も救出活動にあたることができるはずです。そこで、空母に限っては、進入禁止海域外であっても、アルゼンチンの領海外であれば、攻撃対象にできるよう交戦規則は改められ、それに応じてアルゼンチンへの警告が行われました。

フォークランド諸島の北方海域を担当するイギリスの原子力潜水艦スプレンディッドとスパルタンはしかし、空母「5月25日」を発見できないでいました。

他方、5月1日午後、フォークランド諸島の南方海域を担当する原子力潜水艦コンカラーは、アルゼンチンの巡洋艦ベルグラーノ（かつての米艦フェニックスで、真珠湾攻撃の生き残り）を発見し、追尾を開始します。ベルグラーノは、進入禁止海域南端の外側を護衛の駆逐艦2隻とともに航行していました。

フォークランド諸島東方に位置するイギリス機動艦隊の司令官ジョン・ウッドワード少将は、苦境に陥りました。空母「5月25日」については、攻撃の許可はあります。偵察に出たシー・ハリアーのレーダー・コンタクト等から総合すると、空母を中核とする4～5隻の艦船が北西方面から迫りつつありますが、その正確な位置は特定できていません。

他方、南方を航行する巡洋艦ベルグラーノと護衛の駆逐艦は、いつ北方に向かうとも分かりません。悪くすると、巡洋艦と駆逐艦は二手に分かれてしまうかも知れません。巡洋艦の主砲の射程はイギリス艦船のそれより長く、護衛の駆逐艦はフランス製の強力な艦対艦ミサイル・エグゾセ・ミサイルを装備していました。空対艦エグゾセAM－39は、5月4日、イギリスの42型駆逐艦シェフィールドを撃沈し、その際、乗組員20名が死亡し、24名が負傷しています。ハーミーズとインヴィンシブルの2隻の空母のうち1隻でも撃沈されれば、もはやイギリスの敗北は決まったも同然です。

コンカラーがベルグラーノを追尾してはいるものの、進入禁止海域の南端にあるバードウッド堆は水深が浅く、それを越えてコンカラーが追尾することは困難でした。機動艦隊は、5月2日の夜明け（1040Z時）と共に、北と南から典型的な挟撃を受けるリスクに直面していました。しかし、位置を把握しているベルグラーノが進入禁止海域外にいる限り、現在の交戦規則では攻撃できません。交戦規則は変更される必要があります。それも一刻も早く。

ウッドワード少将は2日の0811Z時、潜水艦隊との連絡の衝《しょう》にあたるジェフ・トール中佐に、ベルグラーノの撃沈指令をコンカラーに発するよう命じました。トール中佐は、「それはその、交戦規則に根拠がありません、海将」と応じます。「私の命令に違背するつもりか」と言われて、事の深刻さを察したトールは、コンカラー宛てにベルグラーノ艦船団を攻撃せよとの指令を発出しました。この指令は、交戦規則に違背しているだけではありません。機動艦隊司令官であるウッドワードには、潜水艦に直接指令を下す権限がそもそもありませんでした。潜水艦隊は別個の艦隊を構成しており、その指令権限はイギリス本国のノースウッドに所在する潜水艦隊司令部のピーター・ハーバート大将にあります。ハーバートはかつて、原子力潜水艦ヴァリアントでウッドワードの上官でした。

トールの発出した指令は衛星回線による潜水艦連絡システムを通じて、潜水艦隊司令部に届きます。ハーバートはコンカラーがダウンロードしないよう、直ちにその指令を連絡システムから削除させましたが、他方で、統合参謀本部を通じて関係閣僚会議の即時開催を進言しました。明白に規律に違反するウッドワードの異常な行動は、彼がきわめて深刻な状況に置かれていることを示しています。ウッドワードはハーバートに対して、交戦規則の改定を政府に働きかけるよう、言外に依頼したわけです。

関係閣僚会議は、たまたま首相の週末用の公邸で開催が予定されていた閣議の直前、全員が立ったままで開かれました。1145Z時、空母と同様、他の軍艦もアルゼンチンの領海外であれば攻撃対象とするよう、交戦規則は改められ、ベルグラーノ撃沈の指令が直ちに発せられました。

折悪しく、コンカラーの通信用のマストは不具合を起こしており、副艦長は指令の数次にわたる通信を1時間かけてつなぎあわせ、巡洋艦撃沈が可能となった旨をレフォードーブラウン艦長に伝えました。ウッドワードからの撃沈指令が撤回された旨の通信文が混乱を招き解読に時間を要しましたが、交戦規則が変更され、ベルグラーノを撃沈する権限が与えられた旨が判明しました。艦長は自身で指令文を確認し、航海長の確認も求めました。艦長は、第二次大戦期から使用されている魚雷マーク8を使うことにしました。弾頭が大

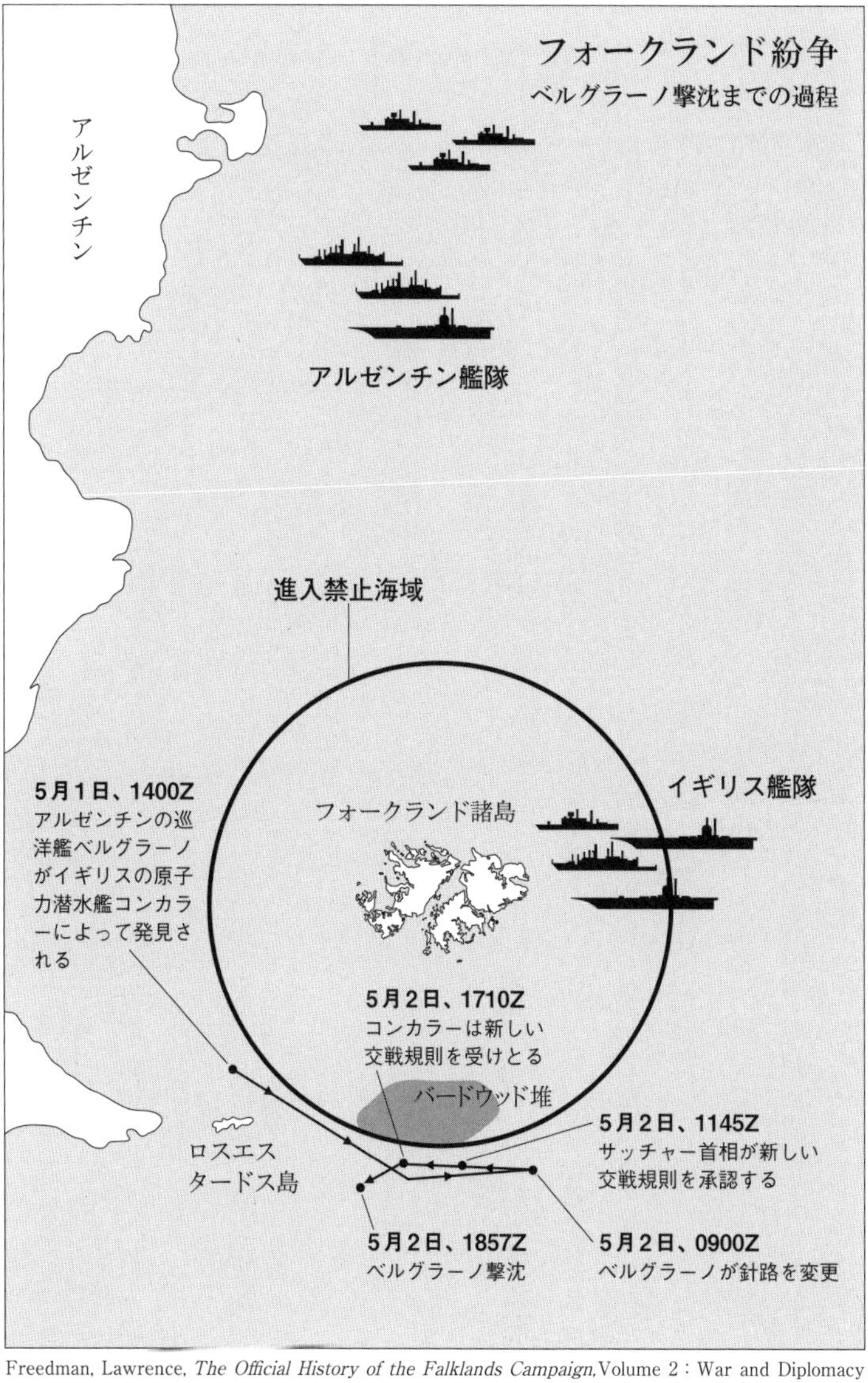
フォークランド紛争
ベルグラーノ撃沈までの過程
アルゼンチン
アルゼンチン艦隊
進入禁止海域
イギリス艦隊
フォークランド諸島
5月1日、1400Z
アルゼンチンの巡洋艦ベルグラーノがイギリスの原子力潜水艦コンカラーによって発見される
5月2日、1710Z
コンカラーは新しい交戦規則を受けとる
バードウッド堆
5月2日、1145Z
サッチャー首相が新しい交戦規則を承認する
ロスエスタードス島
5月2日、1857Z
ベルグラーノ撃沈
5月2日、0900Z
ベルグラーノが針路を変更

Freedman, Lawrence, *The Official History of the Falklands Campaign,* Volume 2 : War and Diplomacy（Routledge 2005）より作成

きく、船殻を貫通する蓋然性が高い魚雷です。5月2日1857Z時、コンカラーは3発のマーク8を1400ヤードの距離から発射し、2発がベルグラーノに命中しました。爆発自体で約200名の乗員が死亡し、火災が拡がりました。その後の救助活動にもかかわらず、あわせて321名が死亡しました。

魚雷の命中と爆発を確認したコンカラーは水深500フィートまで潜行し、敵駆逐艦の投下する爆雷の音が響く中、22ノットで南東へ退避しました。

4　アルゼンチン海軍の攻撃中止

これに先立つ同じ5月2日の0113Z時、アルゼンチン海軍のフアン・ロンバルド総司令官は、イギリス機動艦隊を南北から攻撃するよう指令を発していました。空母艦載機スカイホークによる大規模な攻撃が準備されましたが、爆弾と燃料を満載したスカイホークが離艦するには風速が足りず（40ノットが必要）、0445Z時、夜明けの攻撃は中止されました。攻撃が実施されていれば、関係閣僚会議による交戦規則の変更は、間に合っていなかったはずです。ベルグラーノも攻撃中止命令を受けて0900Z時、西へと方向転換していました。

しかし、これはアルゼンチン海軍による攻撃のリスクが消え去ったことを意味しているわけではありません。

サッチャー首相は回顧録の中で、「ベルグラーノの撃沈は、フォークランド紛争における最も決定的な軍事行動の一つであることが判明した」と述べています。これ以降、アルゼンチン海軍の艦船は、自国の領海を出ることはありませんでした。

当時のアルゼンチンは軍部独裁政権でしたが、陸軍総司令官でもあったガルティエリ大統領の言うことを海軍が素直に聞かなければならない義理はなかったわけです。シヴィリアン・コントロールが効いていないため、陸海空軍の統一的な行動も確保されません。その後のイギリス艦船の度重なるミサイル被弾を受けて、領海内の艦船も潜水艦で攻撃すべだとの意見がイギリス政府部内で出されましたが、関係閣僚会議では法務総裁（Attorney General）が繰り返しそうした主張を否定しました。「領海を出ればYes、そうでない限りはNo」。

イギリスの勝利は、必然ではありませんでした。5月2日早朝の空母艦載機による大規模空襲が予定通りに遂行されていたら、コンカラーがベルグラーノの追尾に失敗していたら、機動艦隊は南北からの挟撃によって壊滅的打撃を受け、ソ連が予想していた通りの結果になっていたかも知れません。結果として、イギリスの薄氷の勝利はたまたま、冷戦の終結に貢献したことになります。

日本人の中には、憲法9条さえなければ自衛隊はどこへ出かけてもやりたい放題であるかのように考えている人がいるようですが、まっとうな国の軍隊であれば、交戦規則は遵守する必要があります。

＊本章の執筆にあたっては、主として次の諸文献を参照しました。Lawrence Freedman, *The Official History of the Falklands Campaign*, vol. 2: War and Diplomacy (Routledge 2005); Peter Hennessy and James Jinks, *The Silent Deep: The Royal Navy Submarine Service since 1945* (Allen Lane 2015); Martin Middlebrook, *The Falklands War* (Pen & Sword Military 2012).

第7章 核兵器と体制変動
――冷戦の終結が憲法学に問いかけるもの

1　核兵器使用の誘惑

ヨーム・キップール戦争で戦況が最悪であったとき、イスラエル軍内部で核兵器の使用が論議されたことは、第5章で紹介した通りです。

フォークランド紛争の際も、イギリス政府がポラリス潜水艦をアセンション島近海に待機させ、機動艦隊の空母が撃沈された場合には、アルゼンチンの主要都市、たとえばコルドバを核攻撃する準備をしていたとの憶測があります。もっとも、潜水艦隊司令官のハーバート大将は、ポラリス潜水艦が南方へ派遣されたとの噂について、「全く下らないAbsolute rubbish」と否定していますが。

ポラリス潜水艦派遣の噂と符合する話が、フランソワ・ミッテラン大統領のかかりつけの精神分析医であったアリ・マグディの日誌にあります（Ali Magoudi, *Rendez-vous: La psychanalyse de François Mitterrand*（Maren Sell 2005）48-50）。１９８１年の大統領就任早々、前立腺癌に冒されていることを知ったミッテランは、隠密裏に治療を続ける一方で精神的な余裕を確保するため、精神分析を週1回受けていました。マグディによれば、イギリスの駆逐艦シェフィールドが空対艦エグゾセ・ミサイルによって撃沈された数日後の１９８２年5月7日、ミッテランは面談予約に遅れて到着しました。

すみません、先生。鉄のご婦人との諍いを収めなければならなかったもので。どうしようもない女ですな、あのサッチャーは。われわれがアルゼンチンに売却したミサイルのレーダーを無効化するコードを渡さなければ、4隻の原潜でアルゼンチンを核攻撃すると脅すんですから……毛むくじゃらで凍えてる羊が3頭ばかりいる島のために核戦争を引き起こすなんて。私は引き下がりましたよ。そうしないと、あの鋼の人指し指でボタンを押しかねない。

マグディの伝える「コード」は、おそらくエグゾセのレーダー・ガイダンス・コードです。しかしその後も、イギリスの艦船はエグゾセの被弾で多大の損害を被っています。フォークランド近海にいた3隻の原子力潜水艦に核攻撃能力はありません。

ただ、サッチャー首相が核兵器使用の可能性を考慮したことは、確かなようです。国防省事務次官であった故マイケル・キンラン卿は、次のように述べています。

フォークランド戦争終結後のある機会に、彼女が核兵器使用の可能性を考慮するつもりがあったと話したことを憶えている。それは身の毛がよだつような恐るべき示唆であったが、彼女は確かにそう話した。

2 原爆投下に正当性はあるのか

核兵器は第二次世界大戦末期、広島と長崎に投下されました。その後、核兵器が使用されたことはありません。戦闘員と非戦闘員を区別し、非戦闘員に意図的に危害を加えることを禁止する戦時国際法の基本原則からすると、非戦闘員である一般市民を大量に虐殺する都市部への原爆投下は、一見明白な違法行為でしょう。しかし、トルーマン大統領による原爆投下の決断を非難する声は、少なくともアメリカ国内では強くありません。投下を正当化する通常の論理は、次のようなアッケラカンとした功利主義です。

もし原爆を投下しなければ、日本の指導者はポツダム宣言を受け入れようとはせず、本土決戦に固執したはずだ。その場合、日米両軍に膨大な死傷者が出たであろうし、都市部への大規模な空爆の継続により、日本の一般市民にも多大な（原爆による死傷者以上の）被害が生じたに違いない。原爆投下は全体としては、より小さな犠牲によって日本政府のポツダム宣言受諾（そして、それにもとづく日本の政治体制の民主化）というアメリカの目指す目標を達成した。原爆投下は正しい。

アメリカの政治哲学者、マイケル・ウォルツァーが指摘するように、この議論の難点は、「ポツダム宣言の受諾」という目標自体、アメリカ政府が自ら設定したものだという点にあります（Michael Walzer, *Just and Unjust Wars*, 265-67）。もし日米両軍、そして日本の一般市民にこれ以上の犠牲をもたらすべきでないのだとしたら、当時の日本政府が受け入れ可能な線まで、アメリカが終戦の条件を引き下げれば良かったのではないでしょうか。本土進攻作戦が甚大な犠牲にあたいしないのであれば、そもそもそれを計画しなければ良かったわけですし、都市部への大規模な空爆も、誰に強制されたわけでもなく、アメリカ政府が自身の判断で行っていたことです。

つまり、原爆投下を正当化するには、その前提として、日本に無条件降伏と政治体制の根本的変革を要求することが是非とも必要であったことを論証する必要があります。前述したように、都市部への原爆投下が戦時国際法の基本原則を無視したものであったこと、さらに日本の政治体制を根本的に変革するには、実際にもそうであったように、日本を長期にわたって占領し、その主権を剝奪する必要があったことからすれば、この問題は深刻です。

この問いには、いくつかの答え方があります。一つは、戦前の日本がナチス・ドイツと同様、周辺諸国民の生存、さらには人間の尊厳そのものさえ脅かす存在であったので、こうした例外的に邪悪な国家に対しては、その政治体制の根本的変革を力ずくで要求することが正当化されるという答えです。もっとも、ウォルツァーは、戦前の日本はナチス・ドイツと比肩し得るほど邪悪な国家ではなく、したがって原爆投下は正当化できないと言います。ドイツの古都ドレスデンを完全に破壊した1945年2月の大空襲とは違うというわけです。

3 「戦争＝地獄」理論と戦後日本の大衆心理

ただし、原爆投下が正当性され得るか否かを議論すること自体、意味はないという立場はあり得ます。ウォルツァーが「戦争＝地獄」理論と名付けるこの立場からすると（前掲書32-33）、戦争は「際限のない地獄」であり、したがって、その地獄を可及的速やかに終結させるためには、あらゆる手段をとることが許されるし、その結果はそもそも地獄を開始してしまった側にすべての責任があります。際限がない以上、正義を実現する側が全面勝利のため無条件降伏を要求することも無理からぬことであり、原爆の投下がいかに非人道的であろうとも、その責任は真珠湾を攻撃して戦争を開始した日本の側にあるというわけです。

「戦争は地獄だ」というこの理論を最初に明言したのは、南北戦争時の北軍のウィリアム・シャーマン将軍だといわれます。アトランタを焼け野原にした彼の作戦を残忍だと非難する南軍の将軍に向けて、彼は、そう戦争は残忍だと答えます。そして非難されるべきなのは、そうした戦争を引き起こした側にあると言います。シャーマンはこの「地獄」を戦いたくて戦っているわけではない。アトランタの焦土作戦も、この都市が再び南軍の兵站基地として機能しないようにするためには、仕方のないことだ、すべての責めは、戦争を始めた南軍が負うべきだというわけです。

戦後の日本国民の多くが受け入れているのは、この「戦争＝地獄」理論ではないかと、私は疑っています。大戦末期の都市部への大規模空爆は（原爆投下を含めて）まさに地獄を現出しましたし、この理論は戦闘員と非戦闘員との区別を無にする核戦争やゲリラ戦という戦後の戦争イメージとも重なり合っていました。再び地獄に陥らないためには、一切それに関わるべきではないという主張をする人々が現れるのも自然なことです。つまり、この理論は、純粋平和主義と容易に結びつきます。しかしそれでは、戦争ということばに出会っただけで思考を停止し、一目散に逃げ出すことにはならないでしょうか。

「戦争＝地獄」理論は、敵国の無条件降伏を追求する全面戦争についてしか、あてはまらない考え方です。次章以下で描く朝鮮戦争は、全面戦争ではなく、限定戦争でした。

4　議会制の危機をめぐるシュミットの議論

第4章で説明したように、プロイセンが先頭に立って推し進めた戦略の革新は、国民の政治参加の範囲を大幅に拡大して政治の民主化を押し進め、しかも国民全体の福祉を較差なく向上させることを目指す福祉国家政策を導きました。大衆を戦争に参加させるべく強制することが、全国民の安全の保障と福祉の向上、そして文化的一体感の確保を目指す国民国家を誕生させたわけです。

その後の国際政治史は、どのような政治体制が国民全体の安全と福祉と文化的一体感の確保という国民国家の目標をよりよく実現することができるかを巡って諸国家がせめぎ合う状態、言い換えれば国家権力の正当性に関する闘争状態として理解することができます。そこで主要な国家モデルとしてあらわれたのは、リベラルな議会制民主主義、ファシズム、そして共産主義の3者でした。この3者が第一次大戦後の各国の政治の基本的枠組み、つまり憲法のあり方を決定するモデルとなったことは、ドイツの憲法学者、カール・シュミットの『現代議会主義の精神史的状況』(樋口陽一訳、岩波文庫、2015)の中で描かれています。

もっとも、シュミットによれば、このうちリベラルな議会制民主主義はすでに過去の統治形態です。自由なプレスによって醸成される公論を背景とし、議会での公開の審議と決定を通じて「真の公益」に到達することを目指す議会制は、教養と財産を備えた階級のみの政治参加を前提とする体制です。軍事上の必要性から大衆が政治の世界に参入し、それを組織する紀律の硬い政党が対峙する現代の議会制では、妥当し得ないモデルです。組織政党が議会での公開の審議を通じて真の公益を目指して熟議を重ねることは期待できません。現代の議会制では、競合する多様な私益を政党が組織的に代表しているため、各議員が自由に議論し、各自で判断し、見解の一致に至ることはありません。せいぜい、密室での取引を通じてその場限りの妥協を実現するだけです。

こうした議会制の診断と裏腹にあるのが、近代国家とは何かについてのシュミットの想定です。シュミットによれば、近代国家は自らの「敵と友」を截然《せつぜん》と区別し、各社会内部の敵対関係を国家間の関係へとくくり出す単位であるという意味で「政治的なるもの das Politische」でなければなりません。敵対関係が国家間の関係へとくくり出される結果、戦争は国家と国家の関係となります。他方、各国家の内部にはもはや敵対関係はなく、全国民に共通する利益が議会での立法活動を通じて実現されるはずです。ところが、「敵と友」の区別にためらいがちなリベラリズムの下では、立法過程が数々の利益集団に分断・占拠され、簒奪される結果、国家は自己と対立する「敵」が何者であるかを識別する機能さえ失い、社会内部の無数の団体に満遍なく配慮する利益配分装置へと退化していくというわけです。

こうした議会制民主主義に替えてシュミットが指し示す道は、治者と被治者の同一性(identity)という意味での民主主義原理を貫徹することです。もはや実現不可能な「討議を通じた真の公益の追求」は放棄されるべきです。民主主義を貫徹するには、秘密投票によって代表者を選ぶという中途半端な議会制ではなく、反論の余地を許さない公開の場における大衆の喝采（acclamatio）を通じて、治者と被治者の同一性を直接に現前させるべきです。

こうした直接的な民主主義を可能とする政治形態として、シュミットはファシズムと共産主義を挙げます。ファシズムは民族を梃子として国民を一体化し、共産主義は階級を梃子として国民を一体化します。一体化された国民（被治者）と治者の同一性を実現することは容易で（あるはずで）す。もちろん、国民の一体化を効率的に実現するためには、国内の少数民族や階級の敵を強制収容所に送ったり、ガス室に送ったり、即決裁判でギロチン送りにして抹殺しなければならないわけですが。

戦略上の必要性から生まれた大衆の政治参加、そしてそれがもたらした議会制の危機は、ファシズムか共産主義かのいずれかによって克服されるという展望が示されます。

5　「冷戦」から「冷めた戦争」へ

しかし、その後の歴史はシュミットの予想通りには進みませんでした。実際には、第二次世界大戦では、リベラルな議会制民主主義と共産主義との連合軍によってファシズムは粉砕されました。日本の憲法はアメリカの要求によって書き改められてその陣営に加盟し、ドイツは東西に分断されて、西ドイツは議会制民主主義国家として、東ドイツは共産主義国家として出発することになりました。

議会制民主主義国家群と共産主義国家群との間の冷戦は、異なる憲法原理、国家権力の異なる正当化根拠を掲げる二つの陣営の戦争状態でした。表面的には、それは市場原理にもとづく資本主義陣営と計画経済にもとづく共産主義陣営の対立のように見えたかも知れません。しかし、資源の配分方法に関する対立は、そもそもの憲法原理の対立から派生する二次的な対立です。体制の正当性をめぐる根源的な対立であったからこそ、核兵器による相互の殲滅の可能性をも視野に含めた軍事的対立が現出したわけです。

両陣営は、それぞれ核兵器による大量報復の可能性を確保するとともに、アメリカは西欧と日本、ソ連は東欧に大量の自国兵士を駐留させることで戦線を膠着させ、その周縁地域では武力行使をいとわず相手に抵抗するという戦略をとりました。第5章で扱ったヨーム・キップール戦争は、米ソの代理戦争の典型です。いずれの陣営も、長期的には相手の陣営が内部矛盾で崩壊するという想定をとっていたからこそ、こうした戦略が対称的な形でとられたわけです。

核兵器を中核とする大量破壊兵器の展開による「封じ込め」、マスコミュニケーションによる宣伝を含む通信技術の発展、そしてコンピュータ技術の急速な進展が相まって、ソ連は冷戦状態を維持する能力と気力を失い、その憲法原理を変更して議会制民主主義国家となることに同意しました。１９９０年11月、ヨーロッパ安全保障協力機構は、ソ連をも含む参加各国が議会制民主主義を採用することで合意に達し、国民国家の憲法原理をめぐる闘争は終結しました。ソ連の気力を奪うにあたって、レバノン戦争とフォークランド紛争が大きく寄与したと考えられていることは、第６章１で述べた通りです。

ちなみに、現在のアメリカと中国も、政治体制（憲法原理）は大きく異なります。現在の中国は共産主義国家ではないでしょうが、人民の自由を抑圧する独裁国家ではあります。個人の尊厳は尊重しません。目先の経済的利益を国民に配分し、海外からの情報を遮断し、国家としての威厳を保つことで、国民の批判の芽を摘もうとしています。ソ連崩壊の歴史から学んでいるのでしょう。しかし、アメリカと中国との間には密接で太い経済的なつながりができてしまっているので、かつての米ソの関係のような冷戦にはならないと言われることがあります。関係が断ち切られた「冷戦 cold war」ではなく、先端技術もからめた対抗関係である「冷めた戦争 cool war」だという言い方もその例です。

そうかも知れませんが、ただソ連と中国の違いは程度問題である可能性があります。ロシア革命でソ連が発足した当初、アメリカ政府がまだソ連政府を承認していない段階で

（アメリカがソ連を承認したのは、１９３３年11月になってからです）、アメリカはソ連に工場設備や大型機械などを大量に輸出して、その工業化と経済発展を支えていました。１９２０年代には、ソ連はアメリカ製の農業・工業機械の最大の輸出先になっています。ルーズベルト政権は、スターリンがドイツへの戦勝後、バルト３国やポーランド等の東欧諸国をどう扱うか十分承知していました。アメリカがソ連に対する封じ込め政策（トルーマン・ドクトリン）をとったのは、第二次大戦が終結して、米ソの憲法原理の対立が鮮明になってからです。中国に生産ラインを移してしまうことには、安全保障上のリスクに加えて、２０２０年のコロナウィルス蔓延によって明瞭化した大規模な感染症から派生するリスクもあります。アメリカが今後、長期的に中国に対してどのような態度をとるかは、予測の難しいところがあります。

6　憲法のために戦うのか？

戦争は国家と国家が戦うものです。そして、国家とは、突き詰めればわれわれの頭の中にしかない約束事です。その約束事の中核にあるのが憲法です。本章で描いたのは、人々が憲法のために戦ってきたということです。なぜ頭の中の約束事のために、自分の命をかけてまで戦うのでしょうか。

自分が約束事のために戦っていることに気がついていないことも多いでしょう。第二次世界大戦で、日本の兵士は天皇主権の憲法原理——「国体」と言われていましたが——を守るために命を落としました。彼らは国体が約束事にすぎないことに、気がついていたでしょうか。国の宣伝活動（「政府言論 government speech」と呼ばれます）は巧みですから、ついだまされてしまいがちです。三島由紀夫は、日本政府が国体という約束事を変更したことを随分と恨みに思ったようですが、だからと言って割腹自殺をするほどのことかと言えば、そうでもないでしょう。国家とは何か、戦争とは何か、という根本問題がよく分かっていなかった人だったのだと思います。

日本政府がポツダム宣言を受諾して憲法原理は根本的に変革され、変革後の憲法原理——国民主権と基本的人権の尊重——にもとづいて、現在の日本国憲法が制定されています。アメリカの要求する憲法原理が新たに据えられたわけです。そうすることで、はじめて戦争は終結しました。敗戦直後の日本政府は、国体は護持されたと言い張って憲法改正には消極的でしたが、マッカーサーは重ねて、ポツダム宣言履行のためには、憲法改正が必要だと日本政府に示唆しています。日本の政治体制を根本的に変えてアメリカと同じものにしない限り、戦争は終結しないという考え方のあらわれです。ソ連が議会制民主主義を受け入れることで冷戦が終結したのと同様です。人間としての日本人が変わったわけではありません。憲法原理＝国体が約束事にすぎなかったことを現に示しています。

何だか、目的と手段が逆転しているような感じがします。社会契約論と呼ばれる一連の理論によれば、国家はそもそも人々の暮らしを守るため、人々の生命と財産を守るために、自然状態にあった人々が結集して作り上げるものです（やはり約束事ですね）。国家の存続の鍵になっているのは、その憲法です。その憲法が根本的に異なる国家間では、激しい「政治的」対立が発生します。その結果、国家と国家は戦争を遂行し、多くの国民の生命が犠牲となります。実際に戦争を遂行しないまでも、冷戦を典型とする敵対状態が継続します。

ジャン＝ジャック・ルソーは、その著書『社会契約論』で有名な政治哲学者です。彼に『戦争法原理』という著作があります（『人間不平等起源論』坂倉裕治訳〔講談社学術文庫、2016〕所収）。ルソーは、国家は人の暮らしを守るために社会契約によって作り上げられたものであるにもかかわらず、国家同士が自然状態にあるために、国家がそもそも存在しなかった自然状態よりもはるかに大規模な殺戮が生じているパラドックスを指摘します。自分たちの命や暮らしを守るための約束事であった国家に要求されて、自分たちの命が奪われるわけですから。

しかしルソーによると、この問題はいざとなれば、簡単に解決することもできます。戦争は国家と国家が行うものですが、戦争の攻撃目標は何かと言えば、それは突き詰めれば、敵国の社会契約、つまり憲法原理です。ですから、戦争による自国民の生命や財産に対する甚大な損害やそのおそれがもはや耐えられないというのであれば、自分たちの社会契約を消滅させればよいわけです。敵国の攻撃目標は消失し、戦争は終結します。第二次大戦の終結にあたって日本がしたこと、冷戦の終結にあたってソ連がしたことが、それです。

ルソーの議論は一貫しています。憲法のために戦う。命が惜しくて戦うのが嫌なら、憲法を捨て去る。そうすべきだとルソーは言っています。

＊本章の主要な参考文献は本文中に掲記したものです。政治哲学者のアイザィア・バーリンは、第二次大戦中ワシントンＤＣのイギリス大使館に勤務し、アメリカの国内情勢を報告するメモランダムを毎週、イギリス政府に送っていました。ルーズベルト政権のスターリンに対する態度も、彼のメモランダムで描かれています (H.G. Nicholas (ed), *Washington Despatches*, 1941-1945 (University of Chicago Press 1981) 288, 307, 309)。cool war については、David Rothkopf, 'The Cool War', http://foreignpolicy.com/2013/20/the-cool-war/ をご覧ください。

第8章 朝鮮戦争を考える――その1

――なぜ連邦議会の承認なく戦争を始められたのか?

1 突然の北朝鮮の侵攻

1948年11月の大統領選挙で、ハリー・トルーマンは勝利を収めました。1950年6月24日の土曜日、トルーマンは家族とともに、少年期を過ごしたミズーリ州インディペンデンスでしばしの休暇をとっていました。日も暮れてそろそろベッドに就こうかという時、電話のベルが鳴ります。ディーン・アチソン国務長官からでした。「大統領、深刻な知らせです。北朝鮮が南朝鮮に侵攻しました」。

アチソンは、1945年から47年まで国務次官、そして49年から53年まで国務長官を務めました。米ソの冷戦構造をアメリカの国防政策の前提にすえたトルーマン・ドクトリン

および マーシャル・プランの策定や、北大西洋条約機構（NATO）の創設、日米安保体制にもとづく日本の西側陣営への組み入れなど、戦後のアメリカの外交戦略の立案・実行の中心となった人物です。

トルーマンは、アチソンの助言に従って、翌25日の午前中をごく普通の日曜日であるかのように過ごしました。記者たちの求めに応じて述べたのも、「危険な状況かも知れない。そうでないことを祈っているが」という簡単なものでした。午後7時過ぎに、大統領はワシントンに戻り、国務長官、国防長官および軍の幹部と夕食をとった後で議論に入ります。

アチソンが議論の口火を切ります。北朝鮮の背後にソ連がいることは確実だ。武力行使なくしては、侵攻を止めることはできない。韓国軍はその任に耐えないだろう。戦車も重火器も最新の通信機器も、空軍の援護も、戦闘の経験も持ち合わせていない。対抗できるのはアメリカ軍だけだ。他国軍の協力は政治的・心理的には意味があるだろうが、軍事的な重要性はない。北朝鮮の攻撃は、ソ連に対してアメリカが軍事行動をとるべき根拠（casus belli）にはならない。しかし、これが韓国の保護者としてのわれわれに対するあからさまな挑戦であることは明らかだし、韓国はアメリカ占領下にある日本の安全保障にとってきわめて重要だ。

アチソンは手始めに、東京の連合国軍最高司令官マッカーサーに、武器弾薬を韓国へ送るよう指令すべきだと提案します。

他方、統合参謀本部議長のオマー・ブラッドリーは、武器を送っても韓国軍は使用する訓練を受けていない、アメリカ軍の地上部隊を派遣するには慎重であるべきだ、共産主義者と戦うのであれば、朝鮮半島より重要な場所があるのではないかと述べます。

陸軍のロートン・コリンズ将軍は、マッカーサーがワシントンからの指令を待たずに、すでに武器弾薬を韓国に送り、F51戦闘機も供与しようとしていると報告します。マッカーサーの独断行動には、大統領も含めて誰も驚きませんでした。彼はそういう人間です。トルーマンも、単に時機の問題だと大目に見ることにします。

海軍のフォレスト・シャーマン将軍は、軍を派遣することに積極的でした。朝鮮は日本にとって戦略的な脅威となると彼は言います。

トルーマンは、もしソ連が参戦したとき、ソ連の極東の空軍基地を破壊できるかとたずねます。空軍のホイト・ヴァンダービルト将軍は、「原爆を使えば」と答えます。都市部への戦略的な核兵器使用ではなく、特定の軍事目標への戦術的な核兵器の使用も、この頃には計画されるようになっています。

出席者の意見を聞いたトルーマンは結論を出します。マッカーサーに、武器輸送に加えて、現地の調査チームを送るよう指令し、何がさらに必要かを調べさせることにします。

中国への備えのため、台湾海峡に第7艦隊を派遣することとします。また、ソ連参戦という最悪の事態に備えるため、極東のソ連軍基地を壊滅させる計画を立てるよう空軍に指令しました。

北朝鮮が侵攻するまで、トルーマン政権もマッカーサーも、韓国の軍事的重要性を認識していなかった疑いがあります。１９４９年6月にはマッカーサーの進言を受けて、アメリカの戦闘部隊をすべて半島から引き揚げる決定がなされました。残るのは韓国軍の訓練を助ける５００名ほどのアドバイザーだけです。

１９５０年1月12日には、アチソンはワシントンDCのナショナル・プレス・クラブに赴いて、太平洋におけるアメリカの防衛ラインについて話をしています。彼は、アリューシャン列島から日本、沖縄からフィリピンまでの線を引きました。つまり、朝鮮半島は、防衛ラインに含まれていないわけです。こうした一連の言動が、北側に誤ったメッセージを送った可能性があります。朝鮮半島が日本列島に突きつけられた匕首《あいくち》であることは、明治政府の指導者たちも理解していたことでしたが。

マッカーサーも北朝鮮の侵攻には驚きましたが、韓国軍は踏みとどまるだろうと期待していました。しかし、期待は裏切られます。北朝鮮軍は15万の兵力からなり、よく訓練されており、ソ連製の兵器で装備していました。6月26日のうちに、北朝鮮軍はソウル近郊に迫ります。27日の朝、駐ソウル大使のジョン・ムッチオは、ソウルの陥落は近いとマッカーサーに伝えます。悪化する状況をマッカーサーは国防総省に伝えました。トルーマンはそれに対して――マッカーサーが驚愕したことに――韓国軍を援護するため、アメリカ海空軍を出動させるとの決断を下しました。

しかし、マッカーサーの派遣した調査チームは、アメリカ軍の海と空からの援護にもかかわらず、韓国軍は北朝鮮の侵攻を止められないでいると報告します。マッカーサーは自ら出掛けることにしました。専用の飛行機バターンで水原飛行場に飛んだマッカーサーは、車に乗り込んで漢江近くの前線を視察すると言い張ります。迫撃砲が周囲に着弾する中、マッカーサーは不思議な光景を観察します。「彼ら（韓国兵）は、ライフルや弾薬も持っていて、敬礼はできるようだが、負傷者がいない。誰一人実際に戦っていない」。兵力のバランスが変わらない限り、戦う気力も出ないようだと彼は結論づけます。

東京に帰ったマッカーサーは、韓国を救うには日本に駐留するアメリカ軍の地上部隊を派遣するべきだと、ロートン・コリンズに提案します。コリンズは1連隊なら直ちに派遣できると答えます。「それでは足りない」とマッカーサー。「どれほどあれば十分か」との問いに、「釜山の防衛に1箇連隊、反攻のために2箇師団」とマッカーサー。「それだけなければ、10日で戦争はわれわれの負けで終わりだ。大統領にそう言ってくれ。時間が一番肝心だ」。コリンズは、今、ワシントンは午前3時で、大統領は就寝中だと答えます。「だったら起こせ」とマッカーサー。

コリンズは午前5時まで待って、トルーマンに電話しました。トルーマンは統合参謀本部のメンバーや国務長官たちと議論し、マッカーサーに、彼の指揮下の4箇師団のうち2箇師団を韓国に送る許可が出されました。

2 合衆国憲法の定める「戦争を宣言する」権限

アメリカ合衆国憲法は、その第1篇第8節第11項（Article 1, Section 8, Clause 11）で、「戦争を宣言する declare War」ことを連邦議会の権限としています。時折、誤解されることがありますが、これは国際法上の宣戦布告の宣言をすることではありません。アメリカ合衆国が正式な宣戦布告をしたことは、その歴史上5回しかありませんが（対英戦争、対スペイン戦争、対メキシコ戦争、そして2度の世界大戦です）、それ以外の場面でも、アメリカはしばしば軍事行動をとってきました。アメリカ政府の有権解釈では、この条項が意味しているのは、「戦争 War」と言い得るほどの大規模な軍事行動をとるには、連邦議会の承認が必要だ、言い換えれば、大統領の独断ではできないということです。

もっとも、外敵による急襲に対して自衛のために反撃を加える（repel）ことは、軍の最高司令官である大統領のみの判断で行い得ると、建国当初から理解されてきました。ただ条文を読むだけで、軍事行動に関する憲法上の制約（「戦争権限 war powers」と比較憲法学の世界では呼ばれます）を理解できないことは、日本の憲法9条に限らず、世界各国に共通する常識です。

第二次世界大戦後のアメリカの軍事行動を見てみると、ベトナム戦争、湾岸戦争、イラク戦争、対テロ戦争など、大規模なものについては、その都度、連邦議会の承認が与えられています。しかし、朝鮮戦争はその例外でした。

トルーマンはもちろん、連邦議会の権限に関する憲法原理も先例も承知していました。すると、朝鮮半島への戦闘部隊の派遣と実際の戦闘行動は、どのように理解することになるのでしょうか。彼は連邦議会両院の指導的な立場にある議員たち（民主党も共和党も）を招き、説明しています。軍事・外交に関する機微を要する問題について、機密を保持することを条件に、政権が民主・共和両党のリーダーたちにブリーフィングを行うことは、しばしばあります。

トルーマンはまず、声明を読み上げます。「大統領は、合衆国空軍に軍事的に必要な特定の使命を果たす権限を与え、かつ、全朝鮮半島を海上封鎖するよう命じた」。さらに

「マッカーサー将軍は、地上部隊を行使することを授権された」。トルーマンは、こうした行動は、国際連合の権威にもとづくもので、他の国々もこの国連の行動に参加すると告げます。議員の中には、連邦議会の承認が必要だという意見もありましたが、トルーマンは、「議論をしている暇はない。週末にかけての危機もあった。私は軍の最高司令官として行動する必要があり、そうした。私はマッカーサーに、韓国人を助けるよう、そして国連安全保障理事会の指示を遂行するよう命じた」と応じます。

幸か不幸か、この間、ソ連の代表は、アメリカが北京政府を中国の正当政府として認めようとしないことに抗議して安全保障理事会をボイコットしており、理事会はソ連の拒否権で妨げられることなく、必要な決議――韓国に武力攻撃を撃退するために必要な支援を与え、同地域に国際の平和と安全を回復することを加盟国に要請する決議――を6月25日と27日に行うことができました。トルーマンによれば、これは「戦争」の遂行ではなく、安保理決議にもとづく「警察行動 police action」です。マッカーサーは大統領の指揮に服しますが、彼はアメリカ軍の将軍としてではなく、国連の権威の下で緊急の必要に答えるために行動しています。だから連邦議会の承認は必要ないという理屈です。ずいぶんと分かりにくい理屈ですが。

トルーマンがマッカーサーは大統領の指揮に服すると説明している間に、マッカーサーはワシントンからの指示を待つことなく、北朝鮮の爆撃と地上部隊の派遣を進めていました。マッカーサーは、第8軍の司令官ウォルトン・ウォーカー将軍に、「第24師団を釜山に海・空を通じて派遣し、反攻に備えて釜山に拠点を構築する」よう命じました。マッカーサーの指令書のコピーを受け取ったトルーマンは、「理解できない」と書き込んでいます。

3 マッカーサーの仁川上陸作戦

7月にはいるとマッカーサーは、反撃のプランを練り始めました。進撃する北朝鮮軍の背後を突く必要があります。海兵隊1箇師団があれば、ソウル西方の港湾都市、仁川《インチョン》に上陸させ、敵の補給路を断つとともに釜山の第8軍と連携して北朝鮮軍を挟撃することができると彼は考え、このプランを統合参謀本部に伝えました。本部のメンバーはこの作戦に懐疑的でした。トルーマンの許可の下、コリンズとシャーマンが東京を訪れ、マッカーサーのプランを検討することにします。

8月23日、彼は統合参謀本部のメンバーと討議しました。マッカーサーは言います。半島周辺の制海権・制空権は、わが方にある。敵は釜山攻撃に全力を注いでいて、仁川の守りは手薄だ。仁川より南の群山《クンサン》に上陸させたのでは、攻囲として不十分で敵の補給路を断つこともできないし、半島の東側に上陸させると待ち構えている敵軍と正面から激突し、多大な犠牲を払うことになる。仁川に上陸すれば、半島全体の交通の要衝であるソウルを押さえ、敵軍の補給路を断ち、壊滅させることができる。つまりソウルは、クラウゼヴィッツの言う敵軍の「重心」だというわけです。

この作戦を敢行しなければ、釜山での先の見通しのない悲惨な籠城戦が続くだけだ。共産主義とのこの戦いに負ければ、ヨーロッパも重大な危機に晒される。勝てばヨーロッパの安全も守られるだろう。今、行動しないことは、われわれの死を意味すると、マッカーサーは言います。

問題は、仁川は潮の満ち引きが大きく、1日2回の満潮時、しかも大潮のときにしか、大規模な上陸作戦は敢行できないことでした。敵の守りが手薄なのは、そのせいもあります。しかし、敵が予想もしていないからこそ、この上陸作戦は成功するとマッカーサーは主張します。さらに彼は、自身が現場で指揮をとると言います。作戦が失敗であれば、直ちに全軍を引き揚げさせる。しかし、「仁川は失敗しない。仁川は成功する」。

コリンズとシャーマンは圧倒されました。トルーマンも統合参謀本部の結論を受け入れます。

次の大潮は9月の半ばに来ます。9月15日午前の満潮時、海兵隊の第1波は、仁川港の入り口にある月尾島《ウォルミ》を奪取しました。午後の満潮時、第2波の海兵隊が仁川に上陸します。仁川港の機雷の防御は手薄で、上陸に対する敵の反撃は組織的なものではありませんでした。マッカーサーは自身、迫撃砲の着弾や機関銃の銃撃の中、船で岸辺近くまで接近します。彼は、若い頃から自分に絶対弾は当たらないと信じていたようです。

仁川上陸作戦は、マッカーサーの軍事的才能を示す傑作でした。海兵隊に続いて陸軍部隊が上陸し、ソウルは取り戻されます。他方、ウォーカーの率いる第8軍は釜山の攻囲ラインを突破して朝鮮人民軍に壊滅的な打撃を与えました。上陸作戦から2週間のうちに、韓国の支配領域は回復されました。マッカーサーの生涯において頂点の時期だったでしょう。その後は、下り坂です。

第9章 朝鮮戦争を考える――その2

――揺らぐシヴィリアン・コントロール

1 中国の参戦、核兵器使用の誘惑

反転攻勢の立場となったアメリカ軍（国連軍と言うべきでしょうか）にとってまず問題となったのが、38度線を越えて北朝鮮の領域へ侵攻すべきか否かでした。アメリカの行動が、安保理決議にもとづいて国際の平和と安全を回復する「警察行動」にすぎないのであれば、38度線まで北朝鮮軍を押し返したら、そこで軍事行動を止めるのが筋のように思われます。開戦当初は、トルーマン政権も度々、アメリカの目的は、北朝鮮軍を38度線まで押し返すことだと言明していました。アメリカ軍が朝鮮半島の統一を成し遂げることは、おそらく他の国連加盟国が当初想定していたところではなかったでしょうし、それはソ連や中国の介入を招くおそれもあります。

それとも「警察行動」は、犯罪行為前の状態を回復するだけでは足りず、「犯人」を根絶やしにすることまで含むということでしょうか。実際にはそれは戦争の継続であり、戦闘員だけでなく一般市民にも甚大な損害を与えることを考えると、38度線を越えて侵攻することが、アウグスティヌスの求める、目的に照らしてバランスのとれた行動であったと言い得るか、疑問の残るところです。

それでもトルーマン政権はリスクをとることにしました。9月27日付の統合参謀本部の指令は、マッカーサーに対し、北朝鮮軍の壊滅が彼の目的であるとし、その目的を遂行するため、38度線を越えて軍事行動を遂行することを許可しました。ただし条件があります。それはソ連あるいは中国の介入を招かないことでした。敵が北朝鮮だけである限りで、マッカーサーは38度線を越えることが許されます。また、軍事行動は中国やソ連の領土に対するものを含まないことも念を押されていました。

しかし、マッカーサーもアメリカ政府も、仁川上陸作戦の華々しい成功に目がくらんで、38度線を越えた場合、中国からどのような反応があるかについてのシグナルを見落としていたきらいがあります。当時の中国とアメリカとの間には外交関係がありませんでしたから、中国からのシグナルは両国と外交関係のあったインドを通じて送られていました。中国建国1周年にあたる10月1日には、周恩来首相が、中国人民は平和を望むが、脅威に晒されれば武器をとることを厭わないだろうとの演説を行っています。演説後に周恩来は、インド大使を呼んで、自分は朝鮮半島でのアメリカの行動のことを言っていたのだとわざわざ説明をしました。アメリカが38度線を越えれば、中国は行動を起こす、というわけです。

アメリカ政府は、周恩来のメッセージに気づいてはいましたが、ただの脅しだと考えていました。そもそも中国は韓国の防衛自体が不当だと主張していた、それが38度線を越えたからと言って、今さらどうだというのかというわけです。北朝鮮政府を助けようとする、共産主義者のプロパガンダに過ぎない。それがアメリカ政府の受け止め方でした。CIAは、建国間もない中国国内の混乱からして、中国が軍事行動に打って出るとは考えにくいと分析していました。アチソンやトルーマンも同様のとらえ方をしていました。

それでもマッカーサーに対しては、中国領内への攻撃は控えるように、中国国境にはアメリカ軍を近付けないように、そして中国領内への軍事行動を起こす前に、必ずワシントンからの許可をとるようにとの指示が、統合参謀本部を通じて、10月8日に出されました。マッカーサーも、中国が参戦することはないと考えていました。統合参謀本部からの指令は、トルーマンが怖じ気づき始めたことを示していると、彼は感じました。彼はかえって10月24日、指揮下の地上軍に、全力をもって中国国境まで前進し、朝鮮全土を確保するよう命じます。

10月26日、中国国境近くでアメリカ軍と韓国軍は、中国軍による組織立った奇襲を受けます。3箇師団からなる韓国第2軍団は崩壊しました。アメリカ軍も敗走します。中国の参戦を知ったマッカーサーは、国境のヤールー川にかかる橋を爆撃するよう命じます。このマッカーサーの命令は、空軍内部の連絡経路を通じてアチソンに知らされました。アチソンは、マッカーサーを止めなければと考えます。当時の空撃は——現在の巡航ミサイルによる精密爆撃とは異なり——きわめて不正確でした。被害が中国領内に及んだとき、どんな強硬な反応がなされるか、想像もつきません。同盟国のイギリスは、香港の命運を懸念していました。トルーマンは自身でマッカーサーを止める胆力がなく、アチソンにことを委ねます。アチソンは統合参謀本部に、爆撃が国際関係を複雑化させることから、それがアメリカ軍を守るための、差し迫った重大な必要性のある場合に限定される必要があると告げます。参謀本部は彼の意図を理解し、マッカーサーに爆撃を停止するよう指示しました。

激怒したマッカーサーとワシントンとの間のやりとりが続き、結局爆撃は許可されましたが、さしたる成果を挙げることはできません。いろいろな要因があります。爆撃で、いくつかの橋は破壊されましたが、中国軍は直ちに仮の橋を架けました。中国空軍がミグ戦闘機で迎撃するようになると、もはや爆撃は不可能となります。中国領内の飛行場を爆撃することは、ワシントンから禁じられていました。マッカーサーは、せめて中国空軍機に対する緊急越境追跡（hot pursuit）を許可してもらいたいと要求しますが、戦争のエスカレーションを恐れるトルーマンは拒否します。

そうこうする間に忽然と、中国軍は姿を消しました。国境に近づくなという警告だったのでしょうか。ところが11月9日、マッカーサーは統合参謀本部に、再び中国国境への進軍を提案します。激しく揺れ動くマッカーサーの判断に、ワシントンは不信感を募らせます。マッカーサーは11月24日、中国国境へ向けての進軍を命じます。「クリスマスまでには兵隊どもを国に帰らせるという約束を守りたい」と彼は宣言しました。

進軍を続けるアメリカ軍は、11月25日の夜、突然の逆襲に遭いました。中国軍は姿を隠していただけだったのです。10万以上の中国軍が、突如として第8軍と韓国軍の正面、側面、そして背面を突きました。別の10万の中国軍は、仁川上陸部隊で構成される第10軍団を攻撃します。第8軍と第10軍団は後退を迫られます。マッカーサーは、戦争が新たな局面に入ったことを認めざるを得ませんでした。膨大な数量の中国正規軍による反撃が始まりました。

朝鮮戦争の戦局の推移

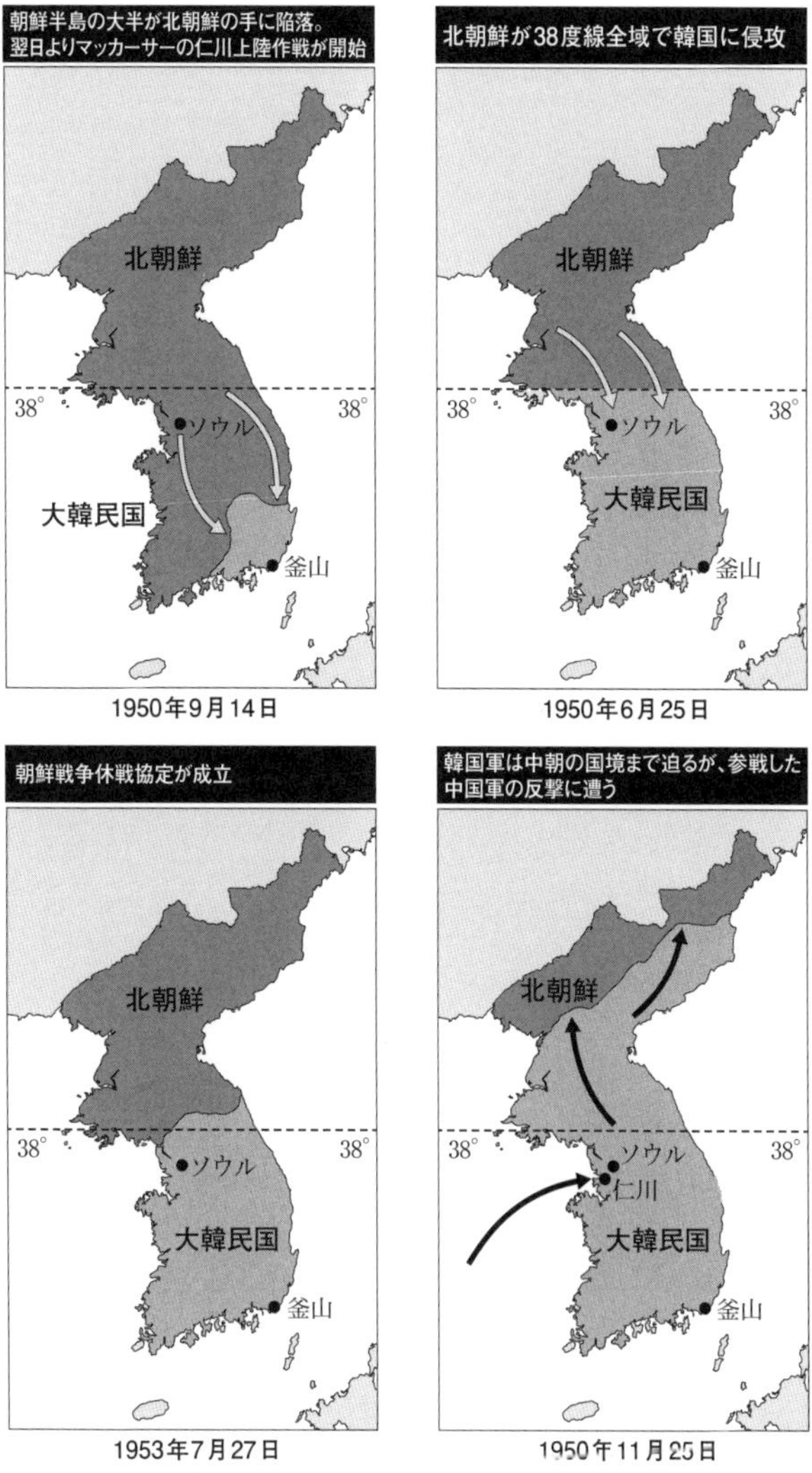

https://www.tes.com/teaching-resource/aqa-cold-war-year-12-cold-war-in-asia-lessons-12-lessons-resources-and-sow-11846087 より作成。日付は現地時間による。

中国正規軍の大量介入の報告を受けて、トルーマンはただちに国家安全保障会議を開きました。そこでアチソンは言います。朝鮮での戦争はやめるべきだ。朝鮮半島で中国を撃破することはできない。彼らが投入できる量はわれわれが投入可能な量を上回る。戦線を膠着させ、韓国の領域を確保し、われわれは引き揚げて力を蓄える。ヨーロッパこそが冷戦の勝敗を決する場だ。それを忘れてはならない。トルーマンは同意しました。

トルーマンは11月30日に記者会見を開きます。軍事的必要性に応えるあらゆる手段をとるとの大統領の発言に対して、記者が「原爆も含みますか」と尋ねました。トルーマンはうっかり「われわれが保有するすべての武器を含む」と答えてしまいます。ニュースはたちまち全米、そして全世界に伝わりました。仁川上陸作戦を受けて朝鮮半島での戦争はもうすぐ終わる、マッカーサーもそう言っていた。それが第三次世界大戦に突入することになるのか。

2　シヴィリアン・コントロールへの脅威

マッカーサーの無謀とも言える作戦は、アメリカ国内で厳しく批判されました。彼はU.S. News & World Report の記者を呼び出して、独占インタビュー記事を載せてもらうことにしました。厳しい現状をもたらした原因は、中国領内の満州への攻撃を禁止したトルーマン政権にあると彼は断言します。この軍事行動への制約は、戦争史上先例がないとさえ言います。大統領と統合参謀本部が彼の進言を聞いてくれさえしたら、こんなことにはならなかったというわけです。

トルーマンは後に、この記事が出た時点でマッカーサーを解任しておくべきだったと述懐しています。ワシントンはマッカーサーにより細かな指示を出すようになります。統合参謀本部は、韓国を放棄することも視野に入れるべきだとします。第8軍を壊滅させるわけにはいかない。日本の安全は第8軍にかかっている。錦江の防衛ラインが突破されるようなことがあれば、日本への撤退を開始すべきだ。

マッカーサーは反論します。朝鮮半島から撤退すれば、半島は再び日本に突きつけられた匕首となる。①中国沿岸を封鎖し、②海と空からの攻撃で中国の工業生産能力を破壊し、③台湾の国民党軍を朝鮮半島に呼び寄せ、④国民党軍の本土への侵攻を認めるべきだと言います。アメリカ軍自体による中国への侵攻以外のあらゆる軍事手段をとるべきだというのが、彼の提案でした。

他方、ジープの事故で死亡したウォーカー将軍に代わって、第8軍の指揮官となったマシュー・リッジウェイ中将は、ソウルを放棄し、漢江の南へ撤退することを決断します。

この決断で第8軍は救われました。リッジウェイは第8軍の士気を回復させ、1951年2月に反攻を開始してソウルを取り返し、38度線へと敵軍を押し戻しました。

統合参謀本部は、マッカーサーに対して、以前の指示を繰り返します。第三次世界大戦を引き起こすわけにはいかない以上、戦闘は朝鮮半島に限定する必要があります。第8軍を保持し、敵に最大限の損害を加えるとともに、必要であれば日本へ撤退すること、国民党軍の支援は認めない、との指示がなされました。

マッカーサーはなお反論します。中国を攻撃することもなく、国民党軍の支援も否定し、このまま兵員の補充もなく不十分な軍備で朝鮮半島を確保し続けることは不可能だ。

中国軍の後退を見てトルーマンが停戦を模索し、停戦条件を提示しようとした矢先の3月24日、マッカーサーはそれに先んじて、独自の休戦（truce）の呼びかけをします。もはや彼我の力量の差は明らかになっている。もし直ちに休戦しないならば、海上封鎖と国内軍事基地の破壊により、中共（Red China）は差し迫った軍事的崩壊に直面することになる。

マッカーサーの独断による声明を読んで、トルーマンは怒りました。これは先回りして彼の停戦交渉の試みを阻害するものです。トルーマンは停戦条件の表明をあきらめざるを得ませんでした。今後は声明を出すときは、必ずワシントンとの調整を事前にするようにとマッカーサーに申し渡します。

1951年4月のはじめ、トルーマン政権は、ソ連の動きに神経を尖らせていました。CIAはソ連軍の活発な動きを報告します。ソ連が軍事介入するとすれば、朝鮮半島か西ヨーロッパでしょう。統合参謀本部は、ソ連が第三次世界大戦を開始するのであれば、朝鮮半島の国連軍は直ちに撤退する必要があると判断します。韓国は放棄可能です。

一方、そうなれば、中国本土に対する軍事行動が必要となります。マッカーサーが望んでいたことです。本来であれば、その準備を進めるようマッカーサーに指示するところですが、統合参謀本部はそうはしませんでした。マッカーサーに対する不信感はそこまで高まっていました。第三次世界大戦の危機が迫っているからこそ、迂闊な指示を彼に出すわけにはいきません。

ちょうどこのとき、マッカーサーは共和党の下院の院内総務、ジョゼフ・マーチンに政権の戦争政策を批判する書簡を送っており、マーチンは4月5日、下院の議場でその内容を公開しました。トルーマン政権のヨーロッパ中心主義のためにアジアでの戦争に敗北すれば、ヨーロッパも失うことになる、台湾の国民党軍を中国との戦いに参戦させるべきだというものでした。民主党のトルーマン政権を攻撃する格好の材料です。トルーマンは国務長官、国防長官、統合参謀本部議長らを集めます。今度こそマッカーサーを解任すべきかどうか検討するためです。結論はすぐには出ませんでした。この時機にマッカーサーを解任すれば、大騒ぎになるでしょう。マッカーサー自身も騒ぎを掻き立てるはずです。統合参謀本部自身も党派的に行動したと見られかねません。

統合参謀本部議長のオマー・ブラッドリーはしかし、解任すべきだとの結論を固めます。軍事的観点から見ていずれが正しいかの問題ではない。シヴィリアン・コントロールの頂点に立つ大統領には、彼の政策に歯向かって彼の信任を失った将軍を解任する権利がある。

厳密に言うと、マッカーサーは、直属の上級機関である統合参謀本部の指示に明確に反することはしていません（与えられた自分の権限を驚くほど広く解釈はしましたが）。彼が服従しなかったのは、大統領です。これは軍務紀律上の不服従（insubordination）にはあたりません。しかし、彼の一連の言動は１９４７年国家安全保障法（the National Security Act of 1947）第2条でも確認されているシヴィリアン・コントロールを脅かすものでした。

4月9日月曜日午前の会議で、統合参謀本部の結論が報告され、国防長官、国務長官も同意します。大統領の意思はすでに固まっていました。後任には、ブラッドリーの推挙でリッジウェイが選ばれました。

彼の表向きの言動から判断する限り、勝利しかマッカーサーの念頭にはなかったようです。戦争において勝利に代わるものは何もない、というわけです。そのためには、中国本土への攻撃が、確かに必要だったでしょう。しかし、朝鮮半島を超えて中国自体との戦争開始となれば、国連加盟国の支持を失うことになりますし、アメリカ国内の世論の支持も得られなかったでしょう。際限なく後退するロシア軍を相手にしたナポレオンや、日中戦争の泥沼に引きずり込まれた日本と同じ目に遭わない保証もありません。中国との戦争に「勝利」しようとすれば、中国都市部への原爆投下も実行せざるを得なかったはずです。それにあたいする「勝利」であり得たでしょうか。マッカーサーは、戦争は政治の手段であり、政治によって限界付けられるというクラウゼヴィッツの教訓を十分に理解していなかったように見えます。

もっとも、マッカーサーのあからさまなトルーマン政権批判には、隠された意図があったとの見方もあります。トルーマンは近づきつつある1952年の大統領選挙で、敗北が必至と見られていました。マッカーサーは劇的な形でトルーマンに解任されることで、共和党の大統領候補となることを狙っていたという憶測です。トルーマン自身もそう考えていたとの側近の証言もあります。第二次大戦の英雄として人気の高いマッカーサーを解任すれば、トルーマン再選の可能性の最後の芽を摘み取ることにもなります。

解任されて帰国した当初こそ、マッカーサーは悲運の英雄として迎えられましたが、連邦議会での朝鮮戦争に関する調査で、彼の戦略の誤りが明らかとなるにつれ、彼に対する共和党の熱狂は冷めていきました。

上院の委員会に呼び出されたジョージ・マーシャル国防長官や統合参謀本部のメンバーは、中国は制空権・制海権を意図的に国連軍に譲ることで、やはり限定戦争を遂行していたことを指摘しました。満州を空爆すれば、中国軍は国連軍の補給にあたる艦船を対馬海峡で攻撃するとともに、釜山や補給基地となっていた日本本土を空爆したはずです。アメリカが全面戦争に踏み込めば、中国もそうします。そうなれば、ソ連はヨーロッパへ侵攻するかも知れません。つまり、マッカーサーの戦争遂行に加えられた制約は、むしろアメリカの利益になっていました。また、国民党は十分勝ち目のあったはずの中国本土から逃げ出してきた党派で、蔣介石は多くの中国人に受け入れられてはいません。国民党軍による支援に意味があるとは思えないとブラッドリーは言います。「彼らは、リーダーシップも装備も訓練も貧弱だ」と彼は指摘しました。

軍の内部で現場の指揮官と統合参謀本部または国防総省との間に意見の相違が起こることはしばしばありますが、マッカーサーは現場の指揮官でありながら、アメリカ合衆国の外交・軍事政策を公然と批判しました。これは「かつてないことで、それがマッカーサー将軍の解任を必然とした」とマーシャルは言います。

これらの証言は非公開でなされましたが、それでもマッカーサーに打撃を与えるには十分なものでした。共和党の政治家たちは、もはやマッカーサーを有力な大統領候補とはみなさなくなります。1952年の大統領選挙で共和党の候補として選ばれたのは、マッカーサーではなく、かつて彼の副官であったドゥワイト・アイゼンハワーでした。議会での証言は非公開であったため、マッカーサーには何がどうなってこうなってしまったのか、理解できなかったようです。アイゼンハワーは20年ぶりに、ホワイトハウスを共和党へ奪還しました。

3 トマス・シェリングの「調整問題」

ハーバード大学教授であったトマス・シェリングは、ゲーム理論を通じて紛争および協力関係の理解を深めたとして、2005年のノーベル経済学賞を受賞しています。彼は安全保障理論の専門家でもあり、ケネディ政権のブレインも務めました。

彼が提示し、世に広めた概念として、調整問題（co-ordination problem）があります。世の中には、どれでもよいからどれかに決まっていて、みんながそれに応じて行動することが肝心だ、という問題がたくさんあります。自動車は道路の右側を通行すべきか左側を通行すべきかを事々しく議論しても始まりません。どちらかに決まっていることが大事です。

通貨として何を用いるか（ドルか、円か、それともタカラガイか）、国際会議の公用語として何を使うか、ターミナル向けのバスは何時に出発するのか、○○大学の憲法の講義は何曜日の何時からどの教室で行われるのか。こうした、とにかくどれかに決まっていてくれて、それに合わせてみんなが行動することが肝心な状況、それが調整問題です。シェリングは、朝鮮戦争が38度線を目処として、それを越えるか越えないかを巡って争われたこと、休戦ラインも38度線を目処として引かれたことをとりあげて、そこにも一種の調整問題を見てとることができると言います。

38度線は地球を北から南に機械的に等分していったときにあらわれる、観念的に引かれた線です。取り立てた政治上・軍事上の重要性が38度線自体にあるわけではありません。それでも、敵味方双方がとりあえずこの辺りだろうと考える目につきやすいラインがどこかにないと、そこで戦線を膠着させようと双方が一致して考えることもなく、そのラインを前提とした休戦交渉も始まりません。アメリカにとっても、北朝鮮・中国側にとっても、38度線は論理必然ではないものの、分かりやすい（相手も分かっているであろうことが理解できる）線だったというわけです。朝鮮戦争のような限定戦争では、こうした双方にとっての、暗黙かつ共通の分かりやすい線引きは、重要な意味を持ちます。

そして一旦ラインが引かれた以上は、十分な理由がない限り、それを動揺させることは危険を伴います。新たな紛争の引き金になりかねません。アチソンをはじめとするアメリカ政府が発した、38度線の維持にアメリカはこだわらないという誤ったメッセージのために、北朝鮮軍の南進がもたらされ、38度線を越えて反攻するというバランスを欠いた軍事行動のせいもあって、3万6000人以上のアメリカ兵が命を落としました。それだけの犠牲を払って最終的に得られたものは、結局、戦争開始前とほとんど変わりのない南北の境界線でした。

ヤールー川という自然の川を目印にした中国国境も、暗黙のラインを動揺させることの危険性を示しています。トルーマン政権にとっても、北京政府にとっても、この国境は暗黙かつ共通の、双方にとって分かりやすいラインでしたが、マッカーサーはそのことを十分理解していませんでした。彼は、軍事的には意味のない、人為的に引かれたラインにすぎないと考えたのでしょう。

さらにシェリングは、「通常兵器」と「核兵器」という区別も、論理必然のものではなく、ただ多くの人々がそこに区別があると考えてきたという「伝統」にもとづくものだと指摘します。第7章で述べたように、都市部に対する戦略的な核兵器の使用は、明白な戦時国際法違反だと考えられますが、シェリングの見方からすれば、東京大空襲のような通常兵器による一般市民の大量虐殺も同じということなのでしょう。

こうしたものの考え方は、法や先例になぜ従うのかという疑問にも、ある程度答えることになります。道路交通法のように、調整問題を解決することを主要な任務とする法令は数多くあります。また、法令が明確な行動指針を指し示すことに失敗する場合には、裁判所等の有権解釈が頼りにされます。ここでも、なぜその解釈でなければならないのか、突き詰めていくと、これと言った答えが出てこないことがよくあります。同じくらいに説得力のある（あるいは説得力のない）他の選択肢があることも少なくありませんから。それでも、ある有権解釈が先例となった以上、よほどの理由がない限り、それを揺るがすべきではありません。ここのところがよく分かっていない人は、法律家の中にも少なくありません。法律家はとかく、どの解釈がより優れているかという細かな問題に関心を集中させがちですが、ときには個々の木々の良し悪しではなく、森全体を見渡すことも必要です。

シェリングは、安全保障、とくに核抑止論の専門家でもありました。彼によると、核兵器は敵の反撃能力を壊滅させるほど強力なものでない限り、先手を打って敵国の都市部に対して使用することに意味はありません。敵の反撃によって自国が壊滅的打撃を受けるであろう場合は、とくにそうです。そこまで強力でない核兵器は、もっぱら防御的な性格のものだと彼は指摘します。現在の北朝鮮が保有している核兵器についてもあてはまりそうな議論です。

ゲーム理論は、自分（自国）の目的が実現できるか否かが、かなりの程度まで他人（他国）の選択や決定に依存している状況で、どのような選択をすることが合理的かを測定するための手段です。あらゆる人がつねに合理的に判断し行動するわけではありませんから、ゲーム理論の提供するモデルをあまり額面通りに受け取るわけにはいきません。それでも、すべての当事者が合理的に判断し行動するとすれば、自分はどう行動するのが合理的かを予測することは、それ以外の状況でどう行動すべきかを判断する上でも役立ちます。

＊第８章および本章の執筆にあたっては、次の文献を主として参考にしています。H.W. Brands, *The General vs. the President: MacArthur and Truman at the Brink of Nuclear War* (Doubleday 2016); Geoffrey Perret, *Old Soldiers Never Die: The Life of Douglas MacArthur* (Random House 1996); Thomas Schelling, *The Strategy of Conflict* (Harvard University Press 1980).

第10章 憲法原理は守られているか
――アメリカ帝国主義の憂鬱

1　CIAの水責め

2008年3月、ジョージ・W・ブッシュ大統領は、アメリカの諜報機関による残忍な尋問を禁ずる連邦法案に対して、拒否権を発動しました。連邦議会が禁止しようとしたのは、手首を縛って天井から吊るす、打ち据える、食べ物と水を与えない、何日間にもわたって眠らせない、電気ショックを与える、水責め（waterboarding）にする等です。水責めとは、傾斜した板に尋問対象者を頭を下にしてくくりつけ、顔を布等で覆った上で水を注ぎ、窒息死を予感させる手法です。

常識的に考えれば、いずれも明白な拷問でしょう。「身体的なものであるか精神的なものであるかを問わず人に重い苦痛を故意に与える行為であって、本人若しくは第三者から情報若しくは自白を得ること」を拷問とする1984年採択の拷問禁止条約の規定にも反しています。

しかし、当時の司法省法律助言局——日本で言えば内閣法制局に相当する部署で、政府の有権解釈を策定します——は、その有権解釈で、「拷問 torture」とは、臓器不全、身体の損傷または死と同等の苦痛を与えるものに限られるとし、CIAはこれを楯に、尋問方法の合法性は政府も認めていると公言しました。ニューヨーク・タイムズのコラムニスト、アンソニー・ルイスに言わせれば、「悪魔が魔王の教典を論拠にしている」わけです(Anthony Lewis, 'The Terror President', *New York Review of Books*, 1 May 2008)。

ブッシュ大統領は、こうした「強化された尋問 enhanced interrogation」によって内外のアメリカ施設に対するテロを未然に防ぐことができたと主張しましたが、その具体的な証拠を示したわけではありません。

2009年に大統領となったバラク・オバマは、司法省による拷問の定義を撤回しました。ただし、司法省の法的助言を真摯に信じて尋問を行った者が起訴されることはないと、CIAの職員に約束しています。

戦争において攻撃の究極の対象となるのは、国の憲法の基本原理です。敵の攻撃から守るべきなのも、突き詰めれば憲法の基本原理です。独裁国家や神権国家であれば、独裁者や神の指令を実行するためなら、どんなことでも許されるでしょう。しかし、リベラルな議会制民主主義国家の場合、憲法の基本原理を守ろうとすれば、できることとできないことがあります。基本原理を擁護するために基本原理を否定するのは、自己矛盾でしょう。

2 米西戦争というルーツ

被収容者が拷問等で虐待されたことで知られるアメリカ軍のグァンタナモ基地は、キューバからの租借地内に位置しています。租借が開始された1903年は、アメリカとスペインの戦争（米西戦争）の結果、キューバがスペインの支配を脱して間もない頃です。

1898年、アメリカの新聞王ウィリアム・ハーストの率いる新聞は、スペインを強烈に攻撃するキャンペーンを開始しました。ワシントン駐在のスペイン公使が執筆したマッキンレイ大統領に批判的な書簡を、キューバの反体制勢力を通じて入手したハーストは、2月9日の新聞で「合衆国に対する史上最悪の侮辱」という見出しで書簡の内容を公表しました。さらにハーストの新聞は、キューバにおけるスペイン当局による悪行の数々を報道し（現地に赴いたこともない記者が捏造した記事も含まれます）、即刻、対スペイン戦争を開始すべきだと主張しました。

おりしもハバナ港に停泊していた合衆国の巡洋艦メイン号が2月15日、爆発を起こします。石炭庫で発した火花が武器庫に引火したことが原因と推測されていますが、新聞各紙は敵による攻撃に違いないと書き立てました。

しかし、開戦の名分は何でしょうか。メイン号爆発の原因ははっきりしません。キューバで独立派と当局との間に争乱が起こっているとしても、それは他国の支配地でのことです。産業界は市場と資源を理由にキューバへ介入することに好意的でしたが、それは介入を正当化する根拠にはなりません。

最終的にマッキンレイが採用した開戦の根拠は、隣地キューバにおける対立と争乱がもたらしている「蛮行、流血、飢餓その他の悲惨な事態に終止符を打つ」ため、という人道的理由でした。「それがすべて他国に属する地で起こったことで、我々とは関係がないとはいえない。我々のすぐ隣国で起こっているがゆえに、それは我々の特別な義務にあたる」。キューバをアメリカの領土または植民地とすることが戦争の目的ではなく、スペインの抑圧からキューバを解放し、キューバ人民の自由を確立することが目的だというわけです。アメリカ国内でも、黒人に対する目に余る差別と虐待は珍しくなかったのですが。

軍事拡張主義に抵抗するアメリカの議会勢力は、この主張を逆手にとって、「合衆国はキューバに対して主権、管轄、支配を及ぼすいかなる意図をも持たず、平和が樹立されたときは、これら諸島の統治と支配をその人民に委ねる」との修正（テラー修正）を開戦宣言に加えることを提案します。修正は可決されました。スペインはキューバを放棄することを拒否し、4月24日と25日、スペインと合衆国は、相互に開戦を通告しました。

3　アメリカがフィリピンで学んだこと

米西戦争はアメリカの勝利に終わり、1898年12月のパリ講和条約でスペインはキューバの独立を認め、フィリピン、プエルト・リコ、グァムをアメリカに割譲することとなりました。割譲の代償としてアメリカは2000万ドルをスペインに支払います。この条約を批准すべきか否かの論争は、アメリカをディレンマに直面させました。戦争は人道的介入を根拠としていました。キューバ人民を抑圧から解放し、自由にすることが目的だったはずです。その結果として、1000万を超えるフィリピン人民をアメリカが支配することとなってよいのか、そもそも彼らはアメリカの支配を受け入れるのか、それが問題です。

マッキンレイは、フィリピン人民に独立を認めるべきでないと主張しました。彼らは「自治に適していない unfit for self-government」からです。大統領はフィリピンに軍政を布き、住民が「恩恵ある同化 benevolent assimilation」を受け入れるよう促しました。「同化」しない限り人民は自治に適していない。「同化」してしまえば独立する必要はないというわけです。フィリピンでスペインに対する叛乱を先導したエミリオ・アギナルドは、アメリカ軍に対する武力による抵抗を宣言しました。

1899年1月に上院で開始された条約批准の審議では、反帝国主義派と領土拡張主義者とが正面から対決しました。合衆国憲法はフィリピンの支配を許していない、植民地支配・属国支配は、領土・人民を国王の私有財産とみなすスペインにこそ相応しく、民主政アメリカとは両立しないという批准反対派の主張に対して、批准賛成派は、その論理を貫くなら太平洋岸までのフロンティアの進展もありえず、メイフラワー号はヨーロッパに帰還すべきことになると応じます。フィリピン統治は、神が文明人に与えた偉大なる義務であり、われわれはそれを遂行すべきだというのが賛成派の見解です。

2月4日、アメリカ軍とフィリピン叛乱勢力との間で武力衝突が発生します。ニュースは翌日にはアメリカ全土に届きました。2月6日、上院は条約の批准を可決します。有効投票84票のうち、賛成は57、反対は27でした。批准に必要な56票にプラス1票という薄氷の勝利です。

しかし、フィリピンでの武力衝突が収束する気配はありません。ゲリラ戦を遂行する叛徒に対し、アメリカ軍は村々の住居や田畑を焼き払う焦土作戦で対抗します。上院は1899年、フィリピンでの戦争遂行を調査する委員会を設置し、さらにセオドア・ルーズベルトが大統領に就任した後の1902年1月、アメリカ軍による違法行為を調査する委員会を立ち上げました。

1902年4月には、ジェイコブ・スミス将軍の驚くべき命令が証言で明らかとなります。「殺せ、焼け。殺せば殺すほど、焼けば焼くほど結構だ」。殺害すべき対象は武器を携行する能力を持つ現地人であり、「10歳以上」だというのが将軍の補足説明でした。

さらに、アメリカ軍が叛徒と疑われる現地人に加えている「水治療 water-cure」なるものが証言されます。スペインで異端審問に用いられた尋問方法で、スペイン人によってフィリピンにもたらされ、さらにアメリカ人に伝えられました。容疑者は身体を拘束され、顔に水が注がれます。注水は容疑者が自白する徴候を示すか、または意識を失うまで続きます。意識を失った者は、死ぬに任されました。21世紀はじめにグァンタナモで用いられた「強化された尋問」は、水治療の派生形態です。

アメリカ軍による文明的とは到底言い難い所業の数々が明らかとなる一方で、フィリピン統治を確定的なものとする立法作業が進んでいました。1901年3月に独立運動のリーダー、アギナルドがアメリカ軍によって拘束されたことも一つの転機となり、1902

年7月1日、合衆国によるフィリピン統治を永続的なものとする法案が可決され、7月4日にルーズベルト大統領はフィリピン戦争の終結を宣言します。戦争は41箇月続き、その間に殺害され、あるいは虐待の結果死亡したフィリピン人の数は、3世紀半にわたるスペイン統治下での数をはるかに上回りました。これが人道的目的で開始された戦争の帰結です。

4　プラッティスモ――アメリカ帝国主義の隠微な形態

拡張論者にとって困ったことに、テラー修正のため、アメリカによるキューバ支配はあり得ないことになっています。しかし、キューバの完全な自治を許すわけにはいきません。キューバの住民の多くは黒人であり、責任ある自律的統治に相応しくないという偏見もありましたが、さらなる懸念の種は、キューバ独立運動が土地所有の再分配を含む大規模な社会改革を唱えていたことです。キューバの大土地所有者の多くは、アメリカ資本の製糖業者や果物の輸出業者でした。

とはいえ、テラー修正を今更廃止するとなれば、議会で激烈な対立が勃発することが予想されます。戦後キューバの軍政を担当していたレナード・ウッド将軍が、より狡猾な提案をします。キューバには形式的な独立を認めるが、アメリカのコントロールが及ぶよう、予め条約でその行動範囲を限定しておく、というものです。対応する草案が1901年2月、プラット上院議員によって提案されました。それによると、キューバの独立を保障するためアメリカに介入する権利があること、燃料補給地および海軍基地として、特定地域をアメリカに譲渡または賃借させること、他のいかなる国家にも領土をコントロールさせないこととされました。

ウッド総督は、キューバの憲法制定会議に、対応する憲法草案を提案します。これを飲まなければ、アメリカ議会は正面からキューバ併合を議決すると脅迫されて、制憲会議は15対14で草案を可決しました。中南米諸国でプラッティスモ（Plattismo）と呼ばれる、アメリカによる隠微な帝国主義的支配様式の誕生です。アメリカが戦争にからめて他国の憲法制定に介入することは、とくに珍しいことではありません。

グァンタナモ基地の租借は、プラッティスモの具体的な帰結です。アメリカの憲法原理は守られたのでしょうか。

＊本章の執筆に際しては、主として次の文献を参考にしています。Graham Allison, *Destined for*

War: Can America and China Escape Thucydides's Trap? (Scribe 2017); David Barron, *Waging War: The Clash Between Presidents and Congress, 1776-ISIS* (Simon & Schuster 2016); David Cole (ed), *The Torture Memos: Rationalizing the Unthinkable* (New Press 2009); Stephen Kinzer, *The True Flag: Theodore Roosevelt, Mark Twain, and the Birth of American Empire* (Henry Holt and Company 2017).

第11章 アメリカの戦争に法はあるか
――テロとの戦い、ドローン狙撃、サイバー攻撃

1　ビン・ラディン殺害をめぐる法的議論

トルーマン政権下で国務長官であったディーン・アチソンは、1962年のキューバ・ミサイル危機に際して、ケネディ大統領のアドバイザーを務めました。ケネディ政権がとった海上封鎖措置の合法性について、彼は次のように述べています。

法は、究極の権力にかかわる問題を扱うことはない……いかなる法といえども、その法を創出する国家を破壊することはできない。国家の生存は法の問題ではない。

アメリカという国家の生存にかかわる基本戦略を制約する法は存在し得ないというわけです。合法性の問題がその限界に行き着いた、さらにその先に、国家の生存にかかわる究極の正当性の問題があるということでしょう。もっともアチソンが言っているのは、アメリカ合衆国、さらに言えばリベラルな議会制民主主義陣営の存続自体がかかっている危機的状況での話です。

第8章2で説明したように、合衆国憲法第1篇第8節第11項は、「戦争を宣言するdeclare War」ことを連邦議会の権限としています。2011年4月、オバマ政権がオサマ・ビン・ラディン襲撃を計画したとき、この連邦議会の権限に関する疑義はありませんでした。すでに9・11の攻撃直後の9月18日、議会はアルカイダおよびその同盟者に対する武力行使を承認しています。

むしろ問題は、ビン・ラディンが何年にもわたり、パキスタンの軍事拠点都市アボタバド（Abbottabad）の厳重に警戒された邸宅に隠れ住んでいたことでした。同盟国であるはずのパキスタン政府内部に、アルカイダと通ずる分子のいることが強く疑われます。このため、パキスタン政府に身柄確保を依頼するわけにはいきません。邸宅を空爆することも考えられますが、それでは、周辺の民間人を巻き添えにするおそれがある上、ビン・ラディンの死を確認することができません。アルカイダは、作戦は失敗したと宣伝するでしょう。オバマ大統領は、海軍特殊部隊（ＳＥＡＬｓ）を送り込むことにしました。
当然ながら、これはパキスタンの主権侵害にあたります。しかし、情報漏洩のリスクがある以上、パキスタン政府の事前の同意を得る選択肢はありません。国防・司法・統合参謀本部・ＣＩＡ等、省庁をまたぐ安全保障問題の法律家チームが考案したのは、第一に、パキスタン政府に自国領土内から発するアメリカへの脅威を抑止する「能力または意思がない unable or unwilling」以上、個別的自衛権の行使が正当化されるという議論でした。しかし、この新奇な主張は自衛権に関する理解として確立しているとは言い難いものです。もちろん、国際法は違反実例を通じて変動し得るものではありますが。
第二に用意されたのは、国連憲章・ジュネーヴ条約を含む戦時国際法に、アメリカ政府を直接拘束する自動執行性（self-executing）はない、つまり、特別に連邦法等によって国内法化されない限り、アメリカ政府を拘束することはないという議論でした。特殊部隊の秘密作戦の実行にあたって、政府は国内法には拘束されますが、戦時国際法は、可能な限りで遵守するにとどまるというわけです。[1]
もし突入した際、ビン・ラディンが降伏したらどうするのか。法律家チームの結論は、彼が何らの脅威も与えないことが明白であれば——独りでほとんど裸で跪《ひざまず》き、両手を上げるなら——生きたまま捕獲すべきだが、それ以外は殺害すべきだというものでした。５月

2日未明、彼は抵抗も降伏もせず殺害され、遺体はサウジアラビアが引き取りを拒んだため、インド洋上の空母カール・ヴィンソンから水葬に付されました。

戦時国際法には拘束されないと言いながらも、秘密作戦の遂行にあたっても、段階ごとにあらゆる法律論の当否が検討され、政策決定の幅を定めていることが分かります。

2 テロリズムの概念の変容

テロリズムという概念には、変容が見られます。現代のテロリズムは、一般市民の生命・身体・財産を無差別に標的とし、きわめて残忍な手段を用います。直接の狙いは国民一般の士気を挫くこと、連帯意識を損なうことです。国家がテロを行うこともあります。第二次大戦末期のアメリカ軍による日本の都市部への攻撃は、典型的なテロ行為です。特定の軍事目標を狙った攻撃ではなく、一般市民を無差別に攻撃することで国民の戦意を喪失させることが目的でした。

テロリストと呼ばれる人々が、昔から常にこうした行動をとっていたわけではありませ

1 Cf. Questions for the Record, Caroline Krass, Senate Intelligence Committee, undated. http://www.intelligence.senate.gov/sites/default/files/hearings/krasspost.pdf.

ん。帝政ロシアの革命家たちもテロリストと呼ばれましたが、彼らが行ったのは、特定の政治家の暗殺です。一般市民を標的とする無差別テロではありません。

アルベール・カミュの戯曲『正義の人々』は、革命運動を弾圧する恐怖政治の中心人物、セルゲイ大公の暗殺を企てるロシアのテロリストを描いています。暗殺の任務を担ったカリャーエフは、セルゲイ大公の乗った馬車を待ち伏せし、爆破しようとします。失敗したら日本人の真似をしなければ（ハラキリのことです）、とさえ彼は言います。しかし、カリャーエフは、馬車に乗っているのが大公1人ではなく、彼の幼い甥と姪も乗っていることに気づき、暗殺を躊躇します。

彼の同志ドーラが言うように「たとえ破壊行為であっても、道理も限界もある」。正義を実現するための暗殺であっても、バランスはとる必要があります（第2幕）。

3　ドローン狙撃と倫理性

ドローンは地上から約4500メートル上空をゆっくりと飛行します。前方に据えつけたカメラで捉えられた映像は通信衛星を経由してＣＩＡまたはペンタゴンの合同特殊作戦司令部（Joint Special Operations Command〔ＪＳＯＣ〕）に送られます。時間をかけて適切な目標を見定め、標的以外の付随的損害（collateral damage）を可能な限り抑える狙撃の時機と方法を選択することができます。

ドローンによる狙撃は、テロ行為ではありません。特定の目標を狙った暗殺です。それでも、ドローンによる狙撃は、きわめて非対称的な攻撃であり、倫理的な疑惑を引き起こします。ドローンを操縦するパイロットは、安全な地球の裏側でごく普通の生活を送っています。もしかすると子どもたちを学校に送ったその後に、ドローン狙撃を行っているのかも知れません。狙撃される側は、自身を待ち受ける運命を知ることもなく、反撃も不可能です。

ニューヨーク・タイムズの記者、スコット・シェーンは、ドローンが効果的であると同時に倫理的（moral）な兵器でもあるとするマイケル・ヘイデンCIA長官の発言を伝えています。ドローンは「比例性の感覚、正当な標的とそうでない標的を区別する感覚を与える」。比例性というのは、アウグスティヌスが要求したバランスのとれた判断のことです。

もっとも、正当な目標のみを攻撃する結果となるかは、事前に地上の情報網から与えられた手掛かりが正確か否かに大きく依存しています。また、現場の映像情報は衛星を介して米国内のパイロットに伝達されるため、どうしても数秒のタイム・ラグが発生します。正当な標的にミサイルを発射した直後に自転車に乗った2人の子どもがスクリーンに出現し、硝煙が消えた後に焼け焦げた死体となって現れた記憶を語るパイロットを、シェーンは紹介しています。とはいえ、子どもたちを助けるためにミサイルの針路を変えれば、他の民間人を傷つけるおそれがあります。

戦闘地域外でのドローン狙撃がはじめて行われたのは、2002年11月、イェメンのアルカイダのリーダーであったアル・ハリスィ（Qaed Salim Sinan al-Harithi）に対してでした。同月3日、メリーランド州フォート・ミードの国家安全保障局（NSA）本部のコンピュータが、マリブ地域でハリスィの電話が使用されているとの情報を伝えました。彼の肉声であることが確認され、ジブチのルモニエ基地からCIAのドローンが飛び立ちました。最初のヘルファイア（Hellfire）空対地ミサイルは標的を外しましたが、2発目はハリスィのSUVを破壊し、仲間とともに彼を殺害しました。

ドローン狙撃が一般的にそうであるように、この狙撃も秘密作戦でしたが、アメリカ政府の行為であることは翌日には明らかになりました。当たり前ですが、戦闘現場で敵兵を射殺することは合法です。しかし、戦闘地域外で、テロ容疑者をドローンで殺害することが許されるのかという問題があります。犯罪行為に関与している疑いがあるのなら、逮捕して訴追すべきではないでしょうか。とはいえ、パキスタンやイェメンの辺境地域のように、現地に実効的な政府や警察組織が存在しない場合もあります。

実効的な政府が存在しない地域やいわゆる「破綻国家」と言われる領域は、20世紀前半までであれば、圧倒的な軍事力を行使する列強諸国によって併合されたり、植民地にされたりして、秩序が確立されていたでしょう。しかし、国際紛争を戦争や武力の行使によって解決することが禁止され、破綻国家にいたるまであらゆる国家の主権が尊重される（ことになっている）現在の世界では、そうした力ずくの手段は原則として認められません。結果として世界は、国境を超えるテロ組織のリスクに晒されることになります。国家間の戦争のリスクか、国際テロ組織のリスクか、いずれかのリスクには晒されることになります。

4　アメリカ市民のドローン狙撃は許されるのか？

とりわけ、ドローン狙撃の標的とされるテロ容疑者が合衆国市民であるとき、それがなぜ許されるのか、問題は深刻となります。２０１１年9月にＣＩＡのドローン狙撃で殺害されたアンワル・アル・アウラキ（Anwar al-Awlaki）は合衆国市民でした。

アウラキの父、ナセル・アル・アウラキはイェメンの有力氏族に生まれ、アメリカの大学で農学を学びました。アンワルはニューメキシコで誕生しました。家族はその後イェメンに戻り、ナセルは農業大臣となります。アンワルは水利工学を学ぶべくコロラド州立大学に遊学しましたが学業は成就しませんでした。彼はイスラム教に傾倒し、サンディエゴそしてヴァージニアのモスクでイスラム教の指導者として活動します。

9・11事件のハイジャッカーの1人（または2人）はサンディエゴの彼のモスクを訪れ、彼と長時間密談していたとの証言があります。ＦＢＩは彼の行動を調査しましたが、その結果判明したのは、彼がイスラムの戒律に反して、売春婦と頻繁に密会していることでした。彼が合衆国を離れイェメンに戻ったのは、ＦＢＩが彼の婚姻外の性生活に関する情報を蓄積していることに気付いたためと考えられています。イェメンで彼の思想は過激化し、その思想を行動に移すに至ります。２００９年12月に危うく未遂に終わったデトロイト上空での航空機爆破計画、そして２０１０年10月やはり未遂に終わったサナアからシカゴにプリンターに隠した爆弾が航空宅配便で送付された事件の首謀者は、アンワルだと考えられています。

ドローンによるテロ容疑者殺害の合法性を検討したのは、オバマ政権の下で司法省法律助言局を率いたデイヴィッド・バロンとマーティ・レーダーマンでした。[2] 最初の論点は、それが法的に禁止された暗殺にあたるか否かです。

連邦議会のチャーチ委員会が、ＣＩＡによるフィデル・カストロ等の外国首脳の殺害計画を暴露した後、フォード大統領が発した大統領令は「政治的暗殺 political assassination」を禁じました。この禁止令は、現在は大統領令12333に取り込まれています。関連する条文は「合衆国政府に雇用され、または合衆国政府のために行動するいかなる者も、暗殺に関与し、または共謀してはならない」と定めています。

バロンとレーダーマンは、アウラキが合衆国に対する「継続的かつ差し迫った脅威 continued and imminent threat」である以上、彼を標的とする殺害は、禁止された「暗殺」にあたらないとします。テロが実際に発生するまで政府は待機すべきだとの主張は、自己破壊的だ。自己防衛のための殺害は、暗殺ではない、というわけです。

アウラキが合衆国市民であることから、適正手続(due process of law)によることなく生命を奪われないことを保障する合衆国憲法第5修正との整合性が問題となります。合衆国市民には、合衆国憲法の規定する基本権が保障されています(当たり前のことですが、アメリカ国外に住む非アメリカ人の権利を合衆国憲法が保障することはありません)。バロンとレーダーマンは、この場合、刑事裁判による必要はないとします。いかなる手続が適正であるかを判断するには、差し迫った脅威に対応するために実力を用いる政府の利益と、

2 David Barron, *Memorandum for the Attorney General, Re: Applicability of Federal Criminal Laws and the Constitution to Contemplated Lethal Operations against Shaykh Anwar al-Aulaqi*, July 16, 2010.

アウラキの生存する利益とを衡量する必要がありますが、この場合、優越するのは政府の利益です。

不合理な逮捕または押収からの保障を定める第4修正も障害とはなりません。1985年のTennessee v. Garner判決（471 U.S.1（1985））で連邦最高裁は、容疑者が深刻な身体的傷害をもたらし、またはそのおそれのある罪を犯したと信ずるに足る蓋然的根拠がある場合には、致命的実力（deadly force）の行使が許されるとしているからです。

最後の論点は、他国の管轄下にある合衆国市民を殺害し、または殺害を企てることを犯罪とする連邦法（18 USC 1119）との整合性でした。バロンとレーダーマンは、この法律が海外で合衆国市民を殺害した者が罪を免れることを防ぐために制定されたことを指摘します。したがって本法は、政府機関による正当な殺害行為には適用されない、というのが彼らの結論でした。

2011年5月4日、ニサブ地区にいたアウラキがピックアップ・トラックで移動を開始したとの情報を得て、JSOCはドローンを発進させました。砂漠を走行中の車に対する攻撃は、民間人を巻き添えにするリスクがほとんどありません。しかし遠く離れたドローンから移動する車を標的とする狙撃は、レーザービームのガイドを得ても正確さを欠きます。標的を外したミサイルが巻き上げた硝煙がオペレータの視界を遮っている間に、アウラキは別の車に乗り換え、その後、ミサイルが破壊したトラックにアウラキの姿はありませんでした。

ＪＳＯＣの活動に満足できないオバマ大統領は、イエメンとの国境近くのサウジアラビア領内にドローン基地を新たに設置したＣＩＡに作戦の実行を委ねることにします。９月30日、アル・ジョウフ地区の道端で朝食をとっていたアウラキと仲間は、ドローンの接近を察知し車に飛び乗りましたが、結末は5月とは異なるものでした。

スコット・シェーンがアメリカの憲法学者に対して行ったアンケートに回答した32名のうち、11名はアウラキの殺害は合法であるとし、９名は違法であるとし、12名は具体の状況によるとしています。

２００２年から２０１３年までに４００件以上のアメリカによるドローン狙撃が行われ、３０００人以上が死亡したと推定されています。オバマ大統領は２０１３年５月、高まる批判に応じてドローン狙撃の基準を公表しました。[3] この基準では、①合衆国市民に対する継続的かつ差し迫った脅威となるテロ容疑者につき、②身柄確保が実現不可能で、③本人

3　U.S. Policy Standards and Procedures for the Use of Force in the Counterterrorism Operations Outside the United States and Areas of Active Hostilities. https://archive.org/stream/703635-drones-policy-standards-and-procedures/703635-drones-policy-standards-and-procedures_djvu.txt

が現場にいること、および非戦闘員を巻き添えにするおそれのないことが「ほぼ確実 near certainty」である場合に、狙撃は限定されています。チェック・リスト方式でバランスのとれた判断をするようにという思考様式が、ここでもとられています。

オバマ政権が軍事行動や秘密作戦を遂行する際、いかに合法性の問題に意を用いていたかが分かります。段階ごとにあらゆる法律論の当否が専門家グループによって検討され、政策決定の幅が定められます。長年、堅持されてきた憲法解釈を十分な理由の説明もなくいきなり変更したり、検察行政の党派政治からの独立性という国政上の重大問題にかかわる法解釈の変更を「口頭で決裁した」と言ってはばからないどこかの国とは、相当に違います。

国の存続がかかっている場合、アメリカ本土を攻撃したテロ組織の首魁《しゅかい》を殺害する際、やむを得ず法の認める範囲を逸脱して行動することはあり得るでしょう。しかし、ジョン・ロックが『統治二論』で指摘していることですが（第Ⅱ篇第18章第199節）、「人がその手中に握る権力を、その権力の下にある人々のためにではなく、自分自身の私的で独自の利益のために利用すること」は、「暴政 tyranny」です。そのとき、統治者の行動は、自分自身の野心、復讐の念、貪欲さ等々の気まぐれな情念の満足に向けられていると、ロックは言います。

5　先端的な軍事技術をコントロールできるのか

日本の憲法9条をめぐる議論でも、ミサイル、戦闘機、潜水艦などの伝統的な装備で国土を防衛することに関心が集中しがちで、そのために9条が邪魔になるとか、軍拡競争の歯止めになっているから善いのだなどという議論が盛んに行われます。

しかし、古典的な国境や防衛の観念を蒸発させかねない凄まじい技術の進展もあります。

水中ドローン技術や戦闘ロボット技術が進めば、人が乗り組む潜水艦や戦車は大幅に陳腐化するでしょう。ロボットはお腹がすきませんし、敵を怖がることもありません。命令されたことを必ず実行します。戦闘のストレスのために交戦規則に違反することもありません。壊れても修理がききます。修理不能なまでに壊れても、無名戦士の追悼碑を建てる必要はありません。ナノテクノロジーを利用して、昆虫型のドローンを作り、敵の指導者をDNA鑑定で同定した上で、毒殺することもできるかも知れません。世界中に広がる情報収集システムを通じて、特定個人を耳の形や歩き方等の特徴で特定し、的確にドローン狙撃をすることも可能となるかも知れません。こうした兵器は情報の収集・処理を行うネットワークと連絡され、世界各地で活動することになるでしょう。必ず発生するであろうバグをどう処理し、バグによる誤作動のリスクをいかに回避するかという問題は残りますが。

一方、サイバー技術が進んで、軍の利用する情報通信システムをダウンさせ、命令を送ることも受けることもできなくすれば、敵の防衛システム全体が麻痺します。ミサイルや爆弾を使う必要もありません。さらに、サイバー攻撃によって外国の最新技術を大量に盗み取るだけでなく、電力・交通・水道・通信・金融等の社会生活の基幹的なインフラに深刻な打撃を与えることもできます。つまり、サイバー攻撃は特定の軍事目標に対する戦術的なものとは限らず、一般市民生活を混乱させる戦略的なものでもあり得ます。情報通信技術なしでは成り立たない私たちの社会生活は、サイバー攻撃に対してきわめて脆弱です。

飛来するＩＣＢＭを迎撃ミサイルで撃ち落とすより、ＩＣＢＭの発射自体をサイバー攻撃で挫折させる方が、はるかに安上がりで確実でしょう。ドナルド・トランプが当選した２０１６年のアメリカの大統領選挙で実際に起こったように、ＳＮＳのシステムに侵入して利用者ごとに誤情報を送付することで世論の亀裂を深め、他国の選挙に干渉することさえ可能です。

オバマ政権時に、イランが核兵器開発を断念し欧米諸国との交渉の席についたのは、イスラエルの諜報機関とアメリカの国家安全保障局が開発を主導したスタクスネット・ワームのためにナタンズの核施設の制御システムが機能不全に陥ったからでした。核施設への爆撃を強硬に主張するイスラエルのネタニヤフ首相の企図も抑えることができました。核施設をイスラエルが爆撃すれば、アメリカを新たな戦争に巻き込みかねません。ただ、アメリカはイランが交渉に応じず、戦争が勃発した場合に備えて、イランの社会インフラをサイバー攻撃で全停止させる作戦、ニトロ・ゼウスを用意していました。

各国で急速に進むIT化は、サイバー攻撃への脆弱性をますます高めています。現在ではIoT（Internet of Things）に組み込まれた武器も多く、それらもサイバー攻撃の対象となります。「電子的真珠湾 electronic Pearl Harbour」は、すぐそこに待ち構えている可能性があります。しかもサイバー攻撃能力を備えるのは主権国家だけではありません。犯罪者集団や過激な政治集団かも知れません。やっかいなことに、核兵器に関しては保有を少なくとも暗黙のうちに示すことに意味がありますから、どの国が保有しているかは予め分かります。これに対して、サイバー攻撃能力を保有していることを事前に公示することは、まず期待できません。どの国、どの組織がどの程度の能力を保持しているか、不明のままです。

古典的な装備による国の防衛を考える必要が直ちになくなるわけではありませんが、こうした先端技術による戦闘や攻撃のリスクを想定し、多重防御等の備えを固める一方で、本来、密行性が要求されるはずのサイバー兵器を抑止力として機能させるにはどの程度の情報開示が必要にして適切なのか、サイバー攻撃を受けたとき、いかにして攻撃主体を特定し、そしてどの程度の反撃が許されるのか――サイバー攻撃で原発の制御システムが停止し、炉心溶融が起こったからといって、相手の原発をミサイルで攻撃できるのか――相互の攻撃・報復のエスカレーションを防ぐための各国間の（ＮＧＯを含めた）ルール作りに向けた国際協調をいかに実現するかなどの喫緊の、しかも無数の課題に対処する必要があります。

戦争遂行の技術がますます専門化を進めるとき、参加者の大多数が非専門家である議会制民主主義のシステムはそれを効果的にコントロールすることができるのか、それも問われます。技術開発の専門家は、とかく他のことがらはすべておいて、魅惑的な研究対象に目を奪われ、それを前進させようとします。技術開発は研究者を誘惑し、中毒させるものです。そうした技術開発は世の中の役に立つ発明ももたらしますが、途方もない害悪をもたらすこともあります。

軍事技術開発についても、同じことがあてはまります。攻撃力の向上は抑止力も向上させますが、相手も攻撃力を高めようとしますから、いったん戦闘の火蓋が切られたとき、それを止めることはますます難しくなります。しかも、冷戦下の超大国同士の核兵器による対峙と違って、サイバー戦争では、誰が当事者かも不確定で、その当事者が合理的に行動するか——抑止力が効くか——どうかも分かりません。

先端技術に魅惑されるのは、研究者だけではありません。衛星を使ったＧＰＳシステムからの通信が突如として途絶えたとき、それでも実戦場面の軍は作戦を遂行することが可能でしょうか。さまざまな「摩擦」が起こりがちな戦争遂行において、先端技術に頼り過ぎることのリスクにも敏感であるべきでしょう。

また、先端的な兵器の使用には、時間とコストのかかる訓練が必要です。２０１３年にウクライナでマレーシア航空の航空機を撃墜したのは、ロシア製のブーク（Buk）地対空ミサイルでした。最先端のミサイルシステムで、軍用機と民間航空機を識別することは容易です。ミサイルの使用者が適切な訓練を受けていなかった可能性があります。

それとも、サイバー技術はともかく、ロボットに関しては、チェック・リスト方式にもとづくバランスのとれた正しい判断を、常に人間よりも的確に、かつ、迅速に下すことができるのでしょうか。そうしたアルゴリズムを構築してすべての国のすべてのロボットに搭載させればよいだけでしょうか。必ずしもそうとは言えないように思われます。その理由は、次章で説明します。

＊本章の執筆にあたっては、主として次の文献に依拠しています。Robert Latiff, *Future War: Preparing for the New Global Battlefield*（Vintage Books 2017）; David Sanger, *The Perfect Weapon: War, Sabotage, and Fear in the Cyber Age*（Scribe 2018）; Charlie Savage, *Power Wars: Inside Obama's Post-9/11 Presidency*（Little, Brown 2015）; Scott Shane, *Objective Troy: A Terrorist, A President, and the Rise of the Drone*（Tim Duggan Books 2015）.

第12章 戦争と道徳的ディレンマ
——決断と悔恨の狭間で

1 価値の比較不能性

ミラン・クンデラの小説『存在の耐えられない軽さ』の冒頭部分で、主人公のトーマが、田舎町でたまたま出会ったテレザと結婚すべきか、それとも独身のプレイボーイの生活を続けるべきかを迷う場面が出てきます。トーマは考えます。

テレザと共に生きる方が善いのか、それとも独りで生きるべきか。いずれが善いかを知るすべはない。比べる基準が欠けているからだ。

私たちが生きていく上で従うべき規範は一つではなく、しかも、複数の規範はしばしば衝突します。日本の最高裁であれば、そういう場合もチェック・リスト方式でさまざまな要素を具体の状況に照らして判断すれば、バランスのとれた結論はおのずと生まれるのだと言うでしょうが、世の中いつもそううまく運ぶものでもないでしょう。複数の規範、複数の価値は衝突するだけでなく、同じ平面に並べていずれが優れているかを判断することができないこと、別の言い方をすると比較不能（incommensurable）であることが多いからです。

宗教改革に始まる複数の宗派の対立は、血みどろの宗教戦争を含む激烈な対立を生み出しました。プロテスタントの教えとカトリックの教えでは、どちらが正しいかを同じ平面に置いて比べる共通のものさしがそもそもありません。しかも、この世で正しい信仰を掴み取ることができるか否かは、永遠に続くはずの来世で幸福に暮らしていくことができるか否かを決めるものだと、少なくとも当時の人々は信じ込んでいました。

自分にとって正しい信仰は自分だけでなく、人類一般にとって正しい信仰のはずです。場合によっては敵の肉体を滅ぼしてでもその魂を救うことが、敵のためでもある。敵を愛すればこそ、敵の魂をその犯した罪（sin）から切断する必要がある——根底的な価値観の対立が激烈な闘争を生み出すことは、不思議ではありません。その実例は、現代の世界でも各所に見られます。

イスラム過激派の思想的指導者とされるサイード・クトブは、1940年代にコロラド州の大学に留学して、アメリカ社会の男女の自由な交際のあり方にショックを受け、近代西欧文化の激烈な批判者になりました。急速な社会変化や異文化との遭遇がもたらす衝撃が過激な思想を生み出した例と言えます。第11章3で見たように、アンワル・アル・アウラキもアメリカに留学していますし、9・11テロ事件の実行犯はヨーロッパで教育を受けていたことが知られています。虐げられているから、生活に困っているから、やむなくテロに走るという単純な話ではありません。

近代立憲主義と呼ばれるリベラルな思想は、根底的な価値観の対立が生み出す激烈な闘争という深刻な経験を踏まえた上で、相互に両立しない多様な価値観を奉ずる人々が、それでも公平に人間らしく暮らしていくことのできる社会を作ろうとする試みです。日本国憲法を根底で支えている基本原理も、この近代立憲主義です。

2　社会の最大利益と道徳的ディレンマ

規範と規範の対立は現代の社会生活でも珍しくありません。この世には、法律家、ジャーナリスト、政治家等、一般市民とは異なる職業倫理が妥当する職種があります。

弁護士は、対立する当事者の側の証人に法廷内外で不快な思いをさせ、普通の人間として考えれば、他人に対してそんな無礼で高圧的な態度はとるべきではないという態度をとることも、立場上、要求されるかも知れません。ジャーナリストは、一般市民であれば、適正な裁判の実現のために知っていることを残らず証言すべきであっても、取材源を保護するために、証言を拒否せざるを得ないことがあります。責任ある立場にある政治家も、社会全体の中長期的な利益という観点から、一般市民としての日常的な道徳指針に反する判断を是認することがあります。

法律家やジャーナリストの場合、それはある種の道徳的な分業として説明されます。一見したところ、一般的な道徳に反する行動をとることが、中長期的に見れば、社会全体に流通する市民生活にとって必要な情報の量の増加につながる、あるいは、主張立証活動に関する激しい攻撃・防御を通じて、より適正な司法の実現に必要な情報が法廷により多く提供されることにつながる。だから、当該職業に就いている者は、そうした一見したところ、一般市民としての道徳と衝突する道徳規範に従うべきだというわけです。

兵士の場合もそうです。汝、人を殺すなかれという道徳律を心得てはいますが、上官の命令があれば、ヘルファイア・ミサイルを発射して敵兵を車両もろとも爆破する、近隣住民に派生的損害が及ぶとしても、巡航ミサイルで敵の軍需工場を破壊する。それが自国の一般市民の平穏な生活を守り、社会の中長期的な利益を実現すること、憲法の基本原理を守ることにつながるからです。そのつながりを保証する責任は、最終的には民主的に選任された政治家が負います。

政治家の場合も、説明の筋道は基本的には変わらないでしょう。知っていることのすべては敢えて言わない、政敵のスキャンダルを週刊誌にリークする、自分が信じているはずの信仰に背く政策を遂行する、自分を批判する学者に反論する本を出版してもらうために手持ちの機密費を使う、自分を支持してくれる団体に実現できそうもない約束をする。その方が結果として、社会の中長期的な利益に資することになると判断したときは、そうするでしょう。

国の命運のかかる究極の危機に際しては、剝き出しの功利計算に基づいて国家権力の核心にある暴力機構の発動を決断せざるを得ないことも起こり得ます。オムレツを作るには、卵を割る必要があります。政治家であっても、個人として反道徳的だと考えるような行動は一切採るべきではないという主張は、自分で動物を屠る覚悟がないのなら、牛ステーキは食べるべきではないという主張と同程度に偽善的です。私たちを統治する政治家が道徳的に完全に潔白であり得ると正気で信じる人はいないでしょう。

もちろん、肘の上までドップリ血まみれの独裁政治家は真っ平御免でしょうし、そうでなくても、自分の「お仲間」の私的な利益のために権限を濫用したことをあれこれ言い逃れしたり、その責任を官僚になすりつけたりといった、次元の低いことをするのはやめて欲しいと思うでしょうが。

さらには、社会全体の利益こそが唯一の道徳的判断の基準だとする功利主義を一貫させる立場から、道徳的ディレンマは見かけのものに過ぎず、本当は規範の衝突もディレンマも存在しないとの主張もあるかも知れません。政治家を含めて、われわれが目指すべきなのは社会の利益の最大化のみであり、われわれ一般市民が日常生活で従っている道徳規範の数々も、最終的には社会の利益の最大化に資するためのガイドラインにすぎないというわけです。何が社会の利益の最大化なのかは、人によって判断が異なるでしょうが。

私たち一般市民が日常生活で出会う問題に答えを出すために、中長期的観点から見た社会の利益の最大化に資する途は何かを入手可能な全情報に基づいて一々考えていたのでは——今、目の前にあるトイレットペーパーを買うことが日本社会の中長期的利益に照らしてプラスかマイナスかとか——日常的な市民生活自体が成り立たないでしょう。意味に乏しい情報の収集・処理と熟慮のコストを省くための判断の簡易化の道具として、つまり、結局は社会の利益の中長期的な最大化に資するためにこそ、日常的な道徳規範は存在することになります。

そうだとすれば、直接に社会の利益の中長期的な最大化を図るべき立場に置かれた政治家は、もはや日常的な道徳規範を考慮に入れる必要はないということになりそうです。彼(女)には、そのための情報の収集・処理を行う官僚機構と、熟慮を助けるブレーン集団がいます。直接に剝き出しの功利計算を行い、その結論を実行することをためらう必要は全くないことになります。防衛困難な辺境の防衛ラインを多人数をかけて堅固に守ることはせず、手薄な守備にしておいて、いざというときは守備隊を見殺しにする。戦争を早く終わらせる助けになるなら、敵国の美しい古都を破壊したり、都市部に住む一般市民を大量虐殺したりする。戦闘員と非戦闘員との区別を困難にするゲリラ戦を敵が意図的に仕掛けてくるなら、無差別な焦土作戦を展開する。それでも決断を悔いる必要は全くありません。

しかし、こうした徹底的な功利主義と、それにもとづく道徳規範の理解を真面目に受け入れる人が多いとは思えません。たとえば人を殺すな、他人の物を盗むな等の道徳規範は、単なるガイドラインであって、社会全体の利益の観点から容易にくつがえされ得るものでしょうか。この種の罪を犯した者にわれわれが期待するのは、社会全体の利益の観点からの正当化ではなく、罪を犯したことへの反省と悔悟の念のはずです。

政治家には例外的な状況では、その立場上、私人には認められていない手段をとることも許されることがあります。しかし、だからと言って、目的がいかなる手段をも正当化するわけではありません。決してしてはならないことは、やはりありますし、道徳的ディレンマは見かけだけのものではなく、現に存在します。

哲学者のバーナード・ウィリアムズは一般人と同様、道徳的ディレンマに際して政治家が結論として従わなかった道徳規範も、なおその政治家には妥当し続けると言います。そのために、彼（女）は悔悟の念を抱きます。彼（女）が最善だと信じ、良心の咎めを乗り越えて採った行動の被害者は、正当に不服を申し立てることができます。そうした不服申立てと批判は、彼（女）に良心の呵責を感じさせるでしょう。全く何の迷いもなく道徳に反する行為を選択し、遂行し得る政治家よりは、悔悟の念を抱き続ける政治家こそが、政治指導者に相応しい。ウィリアムズはそう言います。

3 『正義の人々』ドーラのためらい

他方、ウィリアムズは、そもそもチェック・リストにもとづいてさまざまな利益のバランスをとること自体が余計な場合さえあると言います。燃えさかる自宅の中に自分の妻とたまたま訪れた保険の集金人とがいる。あなたが助けることができるのは、1人だけです。どちらを助けるか、一々チェック・リストに照らし合わせて熟慮するでしょうか。ウィリアムズは、それは「余計な考えone thought too many」だと言います。考えるまでもなく、とるべき行動は分かっているというわけです。

恐怖政治の中心人物である大公を爆殺しようとしたところ、馬車には大公だけでなく、彼の幼い甥と姪も乗っていた。そうしたとき、実行を控えるのは当然だと『正義の人々』のドーラは言います。ほんの一瞬でも、子どもたちが吹き飛ばされても構わないなどと言うべきではないと。

しかしドーラは何も考えず、直感だけでものを言っているわけでもなさそうです。幼い子どもたちを犠牲にすれば、革命運動に対する一般大衆の信頼は完全に失われる、そんなことはすべきではないとも、彼女は言っています。やはり背景では功利主義的な考慮が働いているのでしょうか。幼い甥や姪もろとも大公を爆殺することで目指す革命を推進できる蓋然性、それによって社会全体にもたらされるであろう莫大な利益、他方で幼い子どもたちを犠牲にすることで生まれる革命運動への反感がかえって革命の実現を阻害する蓋然性、阻害によって失われる利益、それらのバランスをとった上で結論は出されているのかも知れません。

革命家と根本的に異なる判断のものさしも、もちろんあります。大公の暗殺をやりとげたカリャーエフの独房を大公妃が訪れ、彼を詰問し改悛を要求します。「あの姪は底意地の悪い子です。貧しい人たちに自分で施しを持っていくのが嫌だと言う。あの人たちに自分の手が触れるのが嫌なのです。姪の心はよこしまではありませんか？　よこしまですとも。大公は少なくとも、百姓たちを愛していた。彼らと酒を酌み交わしました。なのにあなたは、あの人を殺した。あなたも悪人で、正義にもとります。それは確かです」。

問われているのは、社会全体の利益に関するものであれ、虐げられた人々への共感の有無であれ、一元的なものさしに照らしたプラス・マイナスの計算ではありません。比較不能なさまざまな価値、さまざまなものさしがあります。カリャーエフの心は引き裂かれていました。行動するにせよ、しないにせよ、選択が迫られます。自分がどういう人間であるかを決める価値の選択も含めて。

4　人は「比較不能な価値」の選択を迫られる

生きていく上で、人は比較不能な価値の間の選択を迫られます。いずれの選択肢も十分な理由で支えられている、しかし他の選択肢を否定できるほどの理由は、どの選択肢にもない。そうした場面で、人は自分のした選択を通じて、自分がどういう人間であるかをみずから決めていきます。

政治哲学者のアイザィア・バーリンが、オクスフォードの同僚であったウィリアムズに宛てた手紙（1972年1月21日付）は、そうした選択に関するものです。ウィリアムズは妻であったシャーリーと別れ、政治思想史家クェンティン・スキナーの夫人であったパトリシアと共に生きる決断をしました。バーリン自身もかつて、核物理学者ハンス・ハルバンの夫人であったアイリーンと結婚しています。

バーリンはウィリアムズに言います。複数の目的は衝突する。いずれを選択しようと、君は苦痛を味わい、人に苦痛を与える。衝突を乗り越え、高みに昇り、止揚し、すべてがすべてと究極的に調和する地平を目指すことは、大がかりな逃避だ。対立は現にそこにある。避けて通ることはできない。罪悪感と苦悶とを逃れようとしても、別の罪悪感と苦悶にさいなまれるか、虚偽と自己欺瞞と無意味な読経に陥るだけだ。傷はいずれ治る。傷を負わない人生が傷を負う人生より善いというわけでもない。

バーリンが哲学者のジョナサン・ダンシーに宛てた手紙（1995年4月25日付）は、別の逸話を語っています。バーリンがイギリス情報部の将校から聞いた話です。その将校は第二次大戦の終わり近く、フランスのレジスタンスに捕らわれたゲシュタポのスパイを尋問する任務にあたりました。ゲシュタポの手中にある仲間を助けるために必要な情報を聞き出すのが目的です。スパイは翌朝にはレジスタンスによって処刑される運命にありました。彼はまだ18〜19の年頃だったそうです。スパイは、いずれ処刑されるのならなぜ本当のことを話さねばならないのかと将校に問います。自分の命を助けてくれるというなら別だが。

将校は、命は助けると言った（のだろうとバーリンは推測します）。有益な機密情報を手に入れ、しかし当然ながら、スパイは処刑されました。将校は苦悶したはずです。しかし、命を助けると言わなかったら、ゲシュタポの手から仲間を救い出すことができなかったらどうでしょう。やはり苦悶したはずです。彼が人間らしい人間なら、「私は正しいことをした、何らやましいことはない」と言い切ることはできません。

バーリンの肉声に触れると、「何らやましいことはない」と言い張る人間の非人間性がよく分かります。自己愛が強すぎて、ついそう言ってしまうのかも知れませんが。ロボット兵器にも悔恨はありませんが、自己愛もありません。

比較不能な価値観が衝突するこの世の中では、「正しいこと」「望ましいこと」をすべて同時に満足させることはできません。とりわけ暴力行使の場面では、そのジレンマが正面から突きつけられます。

＊本章の執筆にあたっては、Isaiah Berlin, *Building: Letters 1960-1975*（Henry Hardy and Mark Pottle eds, Chatto and Windus 2013）; Isaiah Berlin, *Affirming: Letters 1975-1997*（Henry Hardy and Marl Pottle eds, Chatto and Windus 2015）; Michael Walzer, 'Political Action: The Problem of Dirty Hands', in his *Thinking Politically: Essays in Political Theory*（David Miller ed, Yale University Press 2007）; Bernard Williams, *Moral Luck*（Cambridge University Press 1981）を主として参考にしています。

終章　憲法と戦争の密接な関係

この章では、本書で今まで論じてきたさまざまな事例や考え方から何を学ぶことができるかをまとめてお話しします。前もって申し上げておきますが、こうすれば大丈夫という結論はありません。こういうことはしない方がいいとか、こんなことをしても無駄、という話をすることになります。

1　改憲すれば問題は消えるのか？

自衛隊は違憲であると主張する学者が多いが、憲法に自衛隊の存在を書き込めば違憲論は鎮静化する。だから憲法9条を変えようという議論があります。この議論は、間違った前提から出発して間違った結論にたどりついています。ご説明しましょう。

ある法制度がすみからすみまで、丸ごと違憲ということはまずありません。慎重にバランスよく解釈・運用すれば憲法の認める範囲内に収まるものですが、解釈・運用の仕方によっては違憲の疑いが生まれるということがほとんどです。逆に、丸ごと合憲で違憲の疑いは完全にないという法制度は、まず考えられません。

たとえば、天皇制は、憲法1条から8条までで明定されている憲法上の制度です。しかし、宗教的色彩を帯びる皇室の行事を公費でまかなってよいのか、天皇の発言が国政上の事柄にどこまで踏み込んでよいか等について、憲法上の問題を指摘するさまざまな議論があることは、ご存知の通りです。

もう一つ例を挙げると、国家公務員の存在は、すべての公務員は「全体の奉仕者であって、一部の奉仕者ではない」と規定する憲法15条2項が、当然に想定しています。しかし、公務員の政治的意見表明やその労働基本権を制約することがどこまで許されるか等について、やはりさまざまな憲法上の議論があり、最高裁の下した先例もいろいろあります。

これは、新型コロナウィルス感染のリスクがあるかないか、という問題と似ています。ライブハウスや多人数での立食パーティはリスクがあると言われます。しかしそうした場で、100%必ず感染するというわけではないでしょうし、逆に、人の出入りする場所で決して感染するリスクのない場所があるかと言えば、それも考えにくいでしょう。

食品の安全性も同じです。フグの内臓とか牛の生レバーとか、食べると健康によくなさそうものはすぐ思い付きますが、逆に１００％安全でリスクがない食品はないでしょう。いかにも安全そうな食品であっても、調理や食べ方次第でリスクは生じます。つまるところ、食品の安全性と危険性は、非対称であることが分かります。リスクの存在を指摘することは、この食品は完全に安全だというより、はるかに容易です。

自衛隊も同じです。災害救助活動や情報収集を含めて、現在の自衛隊が行う数々の活動のすべてが丸ごと違憲だという非常識な主張をする憲法学者は、筆者の知る限り存在しません。自衛隊の存在自体は違憲ではない、しかし、現在の規模は巨大にすぎるのではないか、専守防衛の組織であるはずなのに海外で活動することは許されないのではないか、個別的自衛を超えて他国が武力攻撃を受けた場合にまで武力を行使することは憲法の限界を超えているのではないか等、さまざまな個別の論点で憲法上の問題が指摘されているわけです。自衛隊の存在を憲法に書き込めばそれらの疑問がすべて雲散霧消して、自衛隊の組織と活動が丸ごと合憲になるなどということが、あるはずがありません。合憲か違憲かも非対称です。

いやそうではない。そもそも日本が直接武力攻撃を受けた場合に、最小限の武力で対処する個別的自衛権の行使さえ憲法に反するという学者がいるではないか。そうした議論を否定するには憲法9条を変えることが必要だ、という反論があるかも知れません。

しかし、本書をここまでお読みになった方であれば、すでにお分かりの通り、それは無用です。憲法9条は、個別的自衛権の行使を否定していないからです。歴代の政府が「有権解釈」としてそう理解してきたというだけではなく、9条は、「国際紛争を解決する手段」としての戦争、つまり、勝ち負けで正しい方を決める「決闘」としての戦争で国同士の紛争に決着をつけることを禁止しているにすぎないからです。この目的を実現するために、「決闘」として戦争を遂行する能力である「戦力」も否定しています。しかし、自国が攻撃を受けた場合に武力でそれを撃退することも否定する非常識な規定ではありません。こうした発想の原点である不戦条約にまで9条の背後にある思想の起源を遡り、制定の経緯をも勘案して、適確に条文を理解すれば、それで足りる話です。第1章で説明した通りです。

2 リベラルな議会制民主主義国家は互いに戦争をしない

リベラルな議会制民主主義国家は互いに戦争をしないと言われます。カール・シュミットは、議会制民主主義は「敵と友」の区別も満足にできないために国論の統一にも国民の利益の一体化にも失敗し、社会内部の多種多様な諸利益を満遍なく満足させようとする脆弱な政治体制であって、もはや過去の遺物だと断定しましたが（第7章4）、この診断はあまりにも偏っています。

確かに議会制民主主義国家は、社会の内部にある多種多様な価値観や利害をノッペリと均質化し、一枚岩にすることはしません。強制収容所やガス室を用意しない限り、それは不可能です。国家の実施する政策は、勝者と敗者を生み出すものです。それがある限界点を超えると、敗者がむしろ多数派となって、議会選挙を通じて政権の交代が起こり、勝者と敗者が入れ代わります。国論の一体性は、こうして時間的にも空間的にも拡張された場で柔軟に確保されます。多様な政治的立場や利害を調整することに議会制民主主義は慣れています。そうした経験は、複数の議会制民主主義国家の間の利害調整にも生かされると考えるのが普通でしょう。

ところで本書では、憲法原理の対立は国家間の対立を導き、激烈な戦争によって決着がつけられることが、しばしばあったことを指摘しました。逆に言うと、憲法原理が同じであれば、少なくとも軍事的な対立は起こりにくいということになります。

もっとも、憲法原理だけで戦争と平和の問題をすべて説明することには無理があるでしょう。議会制民主主義国家では、アメリカ合衆国憲法の「戦争宣言」条項がそうであるように（第8章2）、軍事行動を開始するには、国民を代表する議会の承認が要求されます。軍事行動は国民全体の利害にかかわる問題です。そうした国政上の重要問題については、国民代表である議会での審議と決定を経るべきだという考え方は、重要事項法理（英語ではessential matters doctrine）と呼ばれ、各国で受け入れられています。こうしたより具体的な憲法上の仕掛けにも意味があります。独裁国家と違い、軍事行動をとることに高いハードルがあり、それを超えなければ戦争を始められない国同士の間では、やはり戦争は起こりにくいでしょう。

議会制民主主義国家同士が戦争をしない理由としては、こうした国々はたいてい資本主義国家であって海外との交易を重視し、そうした国同士の間に太い経済的絆ができてしまっているという事情もあるでしょう。もっとも、経済的絆だけでは戦争をしない十分な理由にはなりません。第一次大戦前のイギリスとドイツの間にも、名誉革命前のオランダとフランスの間にも、太い経済的なつながりがありました。第7章5で述べたように、現在の中国とアメリカとの間の経済的関係も、それだけでは、両国の間に武力衝突が起こらないことを保証はしないでしょう。

世界中のすべての国がリベラルな議会制民主主義国家になれば（そうなる日が来るかどうかは分かりませんが）、国家間の武力衝突のリスクは大幅に低下するでしょう。現在の

ＥＵ諸国間の関係がそうであるように、国境の持つ意味や各国の主権が持つ意味も極小化し、各国は他国の国内問題とされてきた事項を監視・干渉し、国際的な安全保障は、相互の透明性（情報開示）、相互依存そして相互脆弱性に依存するようになるでしょう。ロバート・クーパーの言うポスト・モダン国家（post-modern state）です。

3　日米安全保障条約について

ところで、アメリカ合衆国憲法の「戦争宣言」条項は、日米安保条約の機能を考えるときにも効いてきます。この条約の核心的規定は第5条で、同条1項は、「各締約国［アメリカと日本］は、日本国の施政の下にある領域における、いずれか一方に対する武力攻撃が、自国の平和及び安全を危うくするものであることを認め、自国の憲法上の規定及び手続に従って共通の危険に対処するように行動することを宣言する」と定めています（傍点、筆者）。

日本の「自国の憲法上の規定及び手続」として肝心なものは、言うまでもなく、憲法9条です。歴代の政権は、9条の下では個別的自衛権のみが行使できるとの立場を堅持してきましたが、このラインを安倍政権が十分な理由を示すこともなく動揺させてしまったことは、第1章5で説明した通りです。

他方、アメリカ合衆国にとって肝心な条文は、「戦争を宣言する」ことを連邦議会の権限とする第1篇第8節第11項です。多くの日本国民は、日本が武力攻撃を受ければアメリカは当然、軍を動かして助けてくれると思い込んでいるでしょうが、そういう訳でもありません。アメリカが戦いたくない相手であれば、あるいはアメリカ国民の支持が得られそうもない相手であれば、「連邦議会の承認が得られないので助けられません」と言われる可能性は、十分にあります。

日米安保条約は、日本は個別的自衛権を行使し、アメリカは集団的自衛権を行使する条約として出発しています。覇権国家であるアメリカが、クライエント国である日本の安全を保障し、その見返りに基地を提供してもらう。お互いにとって利益になる国際約束だったのでしょう。同様に覇権国がクライエント国の安全を保障しようとした例としては、第2章3で描いたルイ14世のフランスとジェームズ2世のイングランドの関係があります。

覇権国アメリカの力が衰えてきたとき、アメリカに力を貸すために、日本が長年堅持してきた憲法解釈をいきなり変更することは、日本にどのような利益をもたらすのでしょうか。政府による十分な説明は、そこにも見られません。いざというとき、アメリカが日本を助けてくれる保障がないことは、説明した通りです。イラクとアフガニスタンでの戦争以降、中東であろうと東アジアであろうと、アメリカが外国に地上軍を派遣することは、もはや期待できません。

アメリカと連携して行動していれば、日本は大丈夫というわけではありません。アメリカがいつも、合理的な政治目的にもとづいてバランスのとれた軍事行動をとってきたわけではないことは、本書で描いてきた通りです。アメリカが軍事行動をとるのは、アメリカの国益に即しているときだけです。日本人を助けるためにアメリカが軍事行動をとってくれるなどというおとぎ話を信じてはいけません。

ドゴールが喝破したように、国家には友人（ami）は存在しません。あるのは相互の利害計算にもとづく同盟者（allié）だけです。国家間の関係を個人間の情緒——アメリカが好きか嫌いか——になぞらえて語るのは、やめておいた方がよいでしょう。

4　どうすれば善いのか、これからどうなるのか

どうすれば国民の暮らしの安全、生命と財産の安全が保障できるのかという問いに対しては、新型コロナウィルス対策や食品の安全確保の問題と同じ答えしかないでしょう。こういうことはしない方がいいということはいろいろありますが、こうすれば絶対大丈夫と

いう答えはありません。

朝鮮戦争のおりのアメリカやフォークランド紛争の時のイギリスのように、誤ったメッセージを送ることは控えるべきです。相手も限定戦争を遂行していることが理解できないまま、全面戦争へ突入しようとするのもやめるべきです。短期決戦で決着がつくはずだという思い込みで軍事行動に走るのは危険です。自国だけでなく、関係する国々が共通してそこにラインが引かれていると考えているラインを十分な理由もなく動揺させるべきでもありません。

北朝鮮が核兵器の開発・保有へと突き進んだのは、「大量破壊兵器」を実際には保有していなかったがために、イラクのサダム・フセイン大統領がたどった運命を目にしたからでしょう。しかし、核兵器を保有しさえすれば、万事解決というわけでもありません。ヨーム・キップール戦争時のイスラエルは、核兵器を保有していたにもかかわらず、あやうく滅亡に瀕するところでした。フォークランド紛争におけるイギリスの勝利も薄氷のものでした。気象条件——クラウゼヴィッツの言う摩擦です——によっては、どちらにころんでいたか分かりません。

根本的なレベルでは、アウグスティヌスの与えた教訓は現代でも有効です。用意したチェック・リストにもとづいて、正当な目的はあるか、目的に照らしてバランスのとれた手段と言えるか等を具体の状況に即して総合的に判断するしかないでしょう。そうすれば、唯一の正解が見つかるわけでもなく、また後悔しないで済むというわけでもありませんが。この世で「正しいこと」「望ましいこと」と考えられていることをすべて同時に満足させることはできないからです。

戦闘を始めておいてから戦う目的は何かを考えたり、勝ち切る目算もないのにとりあえず相手を奇襲で叩こうとするようでは話になりません。また、戦争と聞いただけで思考停止に陥り、一目散に逃げ出したり、簡単な問題ではあり得ないのに簡単な問題であるかのように取り扱ったりするのはやめるべきです。

軍事行動を制御する法的枠組みもさまざまですが、どのような場面でも絶対に有効というわけではありません。開戦にあたっての議会の承認も、ベトナム戦争やイラク戦争のときがそうであったように、議会をミスリードする情報にもとづいて与えられることもあります。「法の支配」という呪文を唱えれば、それで解決ということにはなりません。アメリカの弱体化にともなって国際社会における「法の支配」も弱体化しているというだけではありません。国家の存立根拠は、制御手段としての「法の支配」が効力を失う限界点の、さらにその先にあります。それこそが、敵の攻撃目標であり、自国による武力行使の正当性を生み出します。

国際連合のような国際機関に判断を委ねるだけでは、解決にはならないでしょう。国際機関は加盟国の国民に対して、民主主義原理にもとづく説明責任を負うわけではなく、政治責任を問われて地位を追われることもありません。現在の世界の国々で、リベラルな議会制民主主義国家は少数派です。リベラル・デモクラシーの国民が、国際機関での多数決を信用すべき理由は明らかではありません。

モルトケによる戦略の大転換は、大衆の政治参加と福祉国家政策をもたらしました。しかし、20世紀にはいって戦車・潜水艦・航空機等の機械化が進むと、熟練した専門職からなる軍隊が求められます。サイバー戦争やドローン、ロボットの使用が進めば、ますますそうなるでしょう。音速の10倍を超える速度のミサイルが大量に実戦配備されれば、防御の間もなく、敵国のミサイル基地、レーダー、司令センターを即時に破壊し、敵軍を機能停止に追い込むこともできるかも知れません。最初の一撃で敵軍を壊滅できるという信念は、過去の戦争史ではいずれも幻想でしたが。いずれにせよ、専門的知識のない政治家や一般市民には、軍事問題はますます理解が難しくなり、かりにシヴィリアン・コントロールが効き続けるとしても、議会や選挙のような民主的手段を通じて戦争遂行をコントロールすることは、さらに困難となることが予想されます。私たち一人一人が、否応もなく、安全保障問題と切り離すことのできない情報ネットワークシステムの一要素として組み込まれ、日々、情報の収集と利用の対象となっていくにもかかわらず。

戦争のあり方は国家のあり方を変容させてきました。冷戦下の状況では、なお大衆の政治参加と福祉国家政策は必然でした。東西いずれの陣営も、大量破壊兵器による相互破壊の脅威の下で、国民全体を恒常的に最前線に動員していたからです。

しかし21世紀の現代国家にとって、普通選挙制度や福祉国家政策は、必然ではありません。国民全体の文化的一体性を目指す理由も必ずしもないわけです。特定の集団の利害、特定の価値観のみに依拠して、他の利害や見解を切り捨て、福祉サービスの水準も低下させる政治のあり方がもたらされるリスクは高まっています。そうならないための第一歩は、戦争の悲惨さに関するドキュメンタリー番組を見たり勇敢な兵士をロマンティックに讃える映画を見たりするだけではなくて――戦争はもちろん悲惨ですし、勇敢な兵士もいるとは思いますが――戦争について、そして戦争と憲法の密接な関係について、知ること、そして考えることでしょう。戦争だけが国家や政治のあり方を決めていいはずはありません。兵器の開発・備蓄・使用を専門知識のある人々だけに任せてしまうことは、あまりにも危険です。ローレンス・フリードマンが指摘するように、技術や戦略の変化にもかかわらず、多くの戦争には依然として似通った側面もありますから（*The Future of War*, p. 286）、戦争の歴史を学ぶことにも意味があります。

戦争を知ることと裏腹の話になりますが、日本で言えば自衛隊の人たちを、他に就くべき仕事のない戦争好きの特殊な人々と考えるのはやめるべきです。自衛隊員も私たちと同じ人間ですし日本国民です。ただ上官の命令に従うしか能のないロボットではありません。日本で武力行使を一番恐れているのは、自衛隊員の人たちでしょう。そうなったとき、真っ先に深刻な危険に直面しなければならないのは、彼（彼女）らですから。自分たちが危険にさらされることはないからといって、あちこちに自衛隊を派遣すべきだと気楽に主張するべきではありません。南スーダンのように、アメリカ政府の性急な判断で拵えられた人工国家で、腐敗しきった部族長たちが石油利権をめぐって紛争を繰り返しているところに、人道目的だからといって自衛隊を派遣することにどれほどの意味や国益があるのか、冷静に考えた方がよいでしょう。

戦争は突き詰めれば国の社会契約、つまり憲法原理への攻撃を意味します。人々の暮らしの安全のためにこそ拵えた国家なのであれば、いざとなればルソーが提案するように、憲法原理を脱ぎ捨てた自分たちの生物学的な生存をはかるために、憲法原理を捨て去ることも必要となります。１９４５年８月に日本がしたことは、それでした。逆に国家の存亡がかかる場面でもないのに、憲法原理を安易に捨て去るようなことをするのは、道理が立ちません。

憲法を遵守する義務とは、憲法の個々の規定を守ること（だけ）を意味するわけではありません。憲法の基本原理への忠誠を尽くすこと、憲法遵守義務はそれを要求しています。

＊リベラルな議会制民主主義国家がお互いに戦争をしないというテーゼについては、Michael Doyle, 'Kant, Liberal legacies, and Foreign Affairs,' *Philosophy and Public Affairs*, Volume 12, Number 3（1983）を、ポスト・モダン国家については、Robert Cooper, *The Breaking of Nations: Order and Chaos in the Twenty-First Century*（Grove Press 2003）をご覧ください。急速な技術革新が進む中での軍と市民社会との関係のあり方については、Robert Latiff, *Future War: Preparing for the New Global Battlefield*（Vintage Books 2017）が参考になります。主要な議会制民主主義諸国における戦争権限については、手前味噌ながら、Yasuo Hasebe, 'War Powers,' in *The Oxford Handbook of Comparative Constitutional Law*（Michel Rosenfeld and András Sajó eds, Oxford University Press 2012）をご覧ください。

日米安保条約について本章3で述べたことは、攻撃に対する反撃の有無や反撃の規模が不確実な同盟に抑止力がないことを意味しているわけではありません。トマス・シェリングが指摘するように（*The Strategy of Conflict*, pp.187-93）、同盟の反応の不確実性は、リスクの測定と判断の責任を相手側に負わせることになり、それがさらなる抑止効果を生む可能性も考えられます。憲法学で、不明確な刑罰規定には市民の自由な行動を萎縮させる効果があると言われるのと似た話です。だからと言って、ぼんやりしていればいるほど良いということにはなりませんが。

南スーダンの現状については、Rory Stewart, 'What Went Wrong in South Sudan,' *New York Review of Books*, 27 February 2020 が参考になります。

長谷部恭男（はせべ・やすお）

1956年広島市生まれ。東京大学法学部卒業。早稲田大学大学院法務研究科教授、東京大学名誉教授、日本公法学会理事長。専門は憲法学。「立憲デモクラシーの会」の呼びかけ人の一人。東京大学法学部教授、ニューヨーク大学客員教授などを歴任。著書に『憲法学のフロンティア』『憲法と平和を問いなおす』『憲法とは何か』『憲法の境界』『憲法入門』『憲法の理性』『憲法の良識』『憲法学の虫眼鏡』『憲法講話』などがある。

戦争《せんそう》と法《ほう》

2020年7月30日　第1刷発行

著　者　長谷部恭男《はせべやすお》
発行者　鳥山　靖
発行所　株式会社 文藝春秋
〒102-8008
東京都千代田区紀尾井町3-23
電話　03-3265-1211
DTP　エヴリ・シンク
印刷所
製本所　図書印刷

 ISBN978-4-16-391238-7
Printed in Japan